美國柏克萊加州大學東亞圖書館藏

宋元珍本圖録

Song and Yuan Editions in the C. V. Starr East Asian Library, University of California, Berkeley

柏克萊加州大學東亞圖書館　編

中華書局

圖書在版編目（CIP）數據

美國柏克萊加州大學東亞圖書館藏宋元珍本圖録／柏克萊加州大學東亞圖書館編．—北京：中華書局，2014.9
ISBN 978-7-101-10337-3

Ⅰ.美… Ⅱ.柏… Ⅲ.①古籍—善本—中國—宋代—圖録②古籍—善本—中國—元代—圖録 Ⅳ.Z424

中國版本圖書館 CIP 數據核字（2014）第 175927 號

責任編輯：陳利輝
封面設計：張克云

美國柏克萊加州大學東亞圖書館藏宋元珍本圖録
柏克萊加州大學東亞圖書館 編
*
中 華 書 局 出 版 發 行
（北京市豐臺區太平橋西里 38 號 100073）
http://www.zhbc.com.cn
E-mail:zhbc@zhbc.com.cn
北京信彩瑞禾印刷廠 印刷
*
889×1194 毫米 1/16・13 印張
2014 年 9 月北京第 1 版 2014 年 9 月北京第 1 次印刷
印數：1-600 册 定價：800.00 元

ISBN 978-7-101-10337-3

序

自19世紀末以來，一些重要中國古籍開始流傳海外，其中不少流傳到北美大陸。1869年，同治皇帝將明清重要刻書十部共計933册贈予美國國會圖書館，爲美國中文書籍典藏之濫觴，也標誌着中美文化交流的起始。目前在美國收藏中國善本珍籍的主要機構除了國會圖書館外，還有哈佛燕京圖書館、普林斯頓大學東亞圖書館及葛思德文庫、柏克萊加州大學東亞圖書館、哥倫比亞大學東亞圖書館、芝加哥大學東亞圖書館、耶魯大學東亞圖書館等。美國各大圖書館百年來中文書籍的收藏、傳承及研究，可見由筆者主編的《東學西漸：北美東亞圖書館1868—2008》（北京：高等教育出版社，2012）。

近年來，除了對流傳到美國的中國古籍善本的存藏及分佈進行研究外，中美雙方的學者和出版機構還開始着手對一些存藏在美國圖書館裏的部分重要中文善本進行數字掃描，將電子版的重要善本以“數字歸還”的方式傳播回中國大陸和臺灣等地。在此基礎上，少部分價值極高、版本罕見的珍貴善本還得以重印，以文本的方式回歸故里。這包括近年出版的《柏克萊加州大學東亞圖書館藏稿鈔校本叢刊》（上海：上海古籍出版社，2013）和這次出版的《柏克萊加州大學東亞圖書館藏宋元珍本叢刊》（北京：中華書局，2014）以及《美國柏克萊加州大學東亞圖書館藏宋元珍本圖録》（單册本）（北京：中華書局，2014）等。這些珍稀典籍以不同方式的回歸無疑將對保存和弘揚中華文化遺産起到重要作用。

宋元刊本是中國印刷術中最古老、最傑出的代表。宋代雕版印刷品種類繁多，内容除了佛道經典外，遍及儒家經典、史書、諸子百家、唐宋名家詩文集著、法律、醫藥、農林、算學、地理、音藝等。宋代所刻圖書有官刻、私刻和坊刻，還有書院與大寺院中的印經院等，都達到相當高的水平。通常官刻以國子監等總管國家圖書事業的機構爲主，刻書最多，多刻印正統文獻，大部史書、類書等。私刻或家刻爲宋代士大夫私人刻書之舉，一般校勘嚴謹，刻印精美，爲宋版書之上品。宋代坊刻，爲一般書商開設的書坊，多以營利爲目的，其質量雖相對較差，但亦不乏版印精本。坊刻本多係應社會需要，書目新穎，刻印及時，行銷廣泛，對宋代學術文化的普及與傳播起到了相當重要的推動作用。宋書校勘審慎，訛誤較少。因爲是出自我國雕版印刷術發展的黄金時代，宋代的雕版圖書大都書寫講究，刻印精美，形成了獨特的宋版書式，爲後世版刻書籍的出版奠立了典範。宋刻書多用歐、顔、柳體，其字體或纖細秀雅，或剛勁有力，或古樸豐滿。宋體字卒爲後世歷代書家所仿效，沿用至今。

元代出版的書籍繼續宋代刻印佛道經典之風，亦刊印有大量傳統經史子集類書，而且以元代詩文集及戲曲小説爲多，在中國文化史上佔有重大分量。元版書沿襲了兩宋刻本的風格，黑口本盛行，多用趙孟頫剛勁秀逸之體。在印刷技術方面則改進用木活字和銅活字，使印本更清晰精美，也首先使用朱墨兩色套印，且開始有書名葉的出現，這都是我國印刷史上的重要創舉。雖然元代圖書出版的數量與質量雖均略遜於宋，但古籍藏書家仍通常將宋元書籍歸於同類，以宋元版本通稱。

由於年代久遠，經兵燹戰亂、水火天災，宋元本流傳稀少，現已極爲罕見。早在明清時期，宋版書已是藏書家與學者競相搜求的對象，就是殘片散葉也被視爲珍品，且價格以葉論，極其昂貴。晚清以後，歷經外國列强的掠奪、盜賣和戰火侵擾，不少精粹宋元版的書籍不幸散失到海外。爲了使學者、書家和大衆能够觀賞和研究這些流散到海外的珍稀罕見古書，惠及學術，我們特將柏克萊加州大學東亞圖書館所藏的41種宋元珍稀善本的圖録出版單行本。柏克萊加州大學東亞圖書館收藏的這些善本多出自中國和日本的著名私人藏家，如嘉業堂、天一閣、密韻樓、日本三井文庫等。因此它們的版本和文獻價值極高。

中國古籍善本承載着中國學術的博大傳統和思想。發明於中國的印刷術亦是中華民族對全人類的巨大貢獻，這種貢獻可以透過這册精美的圖録而窺見一斑。中華文明，海納百川，源遠流長，世人共仰。

周欣平
謹識於灣區梅嶺山居
2014年8月28日

目　録

周易兼義九卷

魏王弼、晋韓康伯注，唐孔穎達疏；唐陸德明撰《經典釋文》一卷；魏王弼撰《周易略例》一卷，唐邢璹注。元刻本，三册。

是本半葉十行，行十八字，小字雙行，行二十四字。左右雙邊，白口，雙魚尾。版框高18.6釐米，寬12.4釐米。版心上記大小字數，下記葉數及刻工名。刻工有伯壽、善慶、智夫、德成、德甫、德山、古月、文仲、以清、君美、天易、壽甫、德遠、王榮、余中、應祥、國祐、王英玉、君錫、仁甫、禔甫、敬中、安卿、住、高、賴、茂。首卷首行題"周易兼義上經乾傳第一"，次行題"國子祭酒上護軍曲阜縣開國子臣孔穎達奉敕撰正義"，三行題"王弼注"。卷七《繫辭》以下題"韓康伯注"。《略例》次行題"王弼"。《音義》首行題"經典釋文卷第一"，越數格題"周易音義"，次行題"唐國子博士兼太子中允贈齊州刺史吴縣開國男陸德明撰"。每卦經文連注疏行，行頂格，其爻辭及《彖》、《象》、《文言》等并不提行，注皆夾行。

王弼（226—249），字輔嗣，三國時代曹魏山陽郡高平人。官尚書郎。經學家，魏晋玄學的主要代表人物之一。曾注《周易》及《老子》。韓康伯（332—380），名伯，字康伯，潁川長社人。東晋著名學者，歷官豫章太守、吏部尚書、領軍將軍等。在王弼《周易注》的基礎上，康伯又補注《繫辭傳》、《説卦傳》、《序卦傳》、《雜卦傳》，撰成《周易注解》三卷，合王弼注六卷及《略例》一卷，共十卷。孔穎達（574—648），字沖遠（一作仲達、沖澹），冀州衡水人。孔子三十二代孫，唐朝經學家。曾奉唐太宗命編纂《五經正義》，融南北朝經學於一爐，是集魏晋南北朝經學大成之著作。陸德明（約550—630），名元朗，字德明，蘇州吴縣人。歷經陳、隋、唐三朝，先後任陳始興國左常侍、國子助教，隋秘書學士、國子助教、國子司業，唐文學館學士、太學博士，轉國子博士，封吴縣男。著《經典釋文》三十卷、《老子疏》十五卷、《易疏》二十卷。邢璹，里籍無考，其結銜稱“四門助教”，而《唐書·王鉷傳》稱其爲“鴻臚少卿”，則曾任鴻臚少卿之職。

今此刻不避宋諱，而參與之刻工多與《監本附音春秋公羊注疏》、《監本附音春秋穀梁注疏》同，殆即刻於元代。此刻明正德以後，遞有修補，小異大同。今中國國家圖書館、北京大學圖書館、河南開封市圖書館、美國哈佛大學哈佛燕京圖書館所藏是刻，或殘缺，或經明修版，而此本絶無修版之跡，足可寶貴。

是書名“周易兼義”者，乃出版史上，十三經之經注與疏合刻本之一種形式。注疏合刊，始於南宋茶鹽司本，有别於南宋單疏本名《周易正義》，故稱《周易注疏》。而元代福建建陽刻十行本，則稱《周易兼義》。阮元云：“兼義字，乃合刻注疏者所加。取兼并正義之意也。蓋其始注疏無合一之本，南北宋之間，以疏附於經注者，謂之某經兼義。至其後則直謂之某經注疏。此變易之漸也。”（《周易注疏校勘記》卷一）謂之某經兼義，即兼并“正義”之意。其刻本謂之兼義本。其實，“兼義”云者，當包括疏與音義兩層而言，非獨指正義而言。《周易兼義》實包括王弼、韓康伯兩家注及孔穎達正義、陸德明音義，最後附録王弼略例及邢璹注。

此本曾經周良金藏。良金，字九松，號迂叟，常州人。明嘉靖三十年（1551）歲貢生，官光禄寺署丞。後歸蔣維基。維基，字厚軒，南潯鎮人，家多藏書。道光、咸豐間，與弟蔣維培爲著名藏書家，有“吴興二蔣”之譽。又歸劉承幹（1882—1963）。承幹，字翰怡，號貞一，浙江省吴興人，近代著名藏書家與刻書家。鈐“毗陵周氏九松迂叟藏書記”朱文長方印、“周良金印”朱文方印、“烏程蔣維基記”朱文方印、“咸豐庚申以後收藏”朱文長方印、“劉承幹印”白文方印、“翰怡”朱文方印。

周易正義序

國子祭酒上護軍曲阜縣開國子臣孔穎達奉 勑撰定

夫易者象也爻者效也聖人有以仰觀俯察象天地而育羣品雲行雨施效四時以生萬物若用之以順則兩儀序而百物和若行之以逆則六位傾而五行亂故王者動必則天地之道不使一物失其性行必協陰陽之宜不使一物受其害故能彌綸宇宙酬酢神明宗社所以无窮風聲所以不朽非夫道極玄妙孰能與於此乎斯乃乾坤之大造生靈之所益也若夫龍出於河則八卦宣其象麟傷於澤則十翼彰其

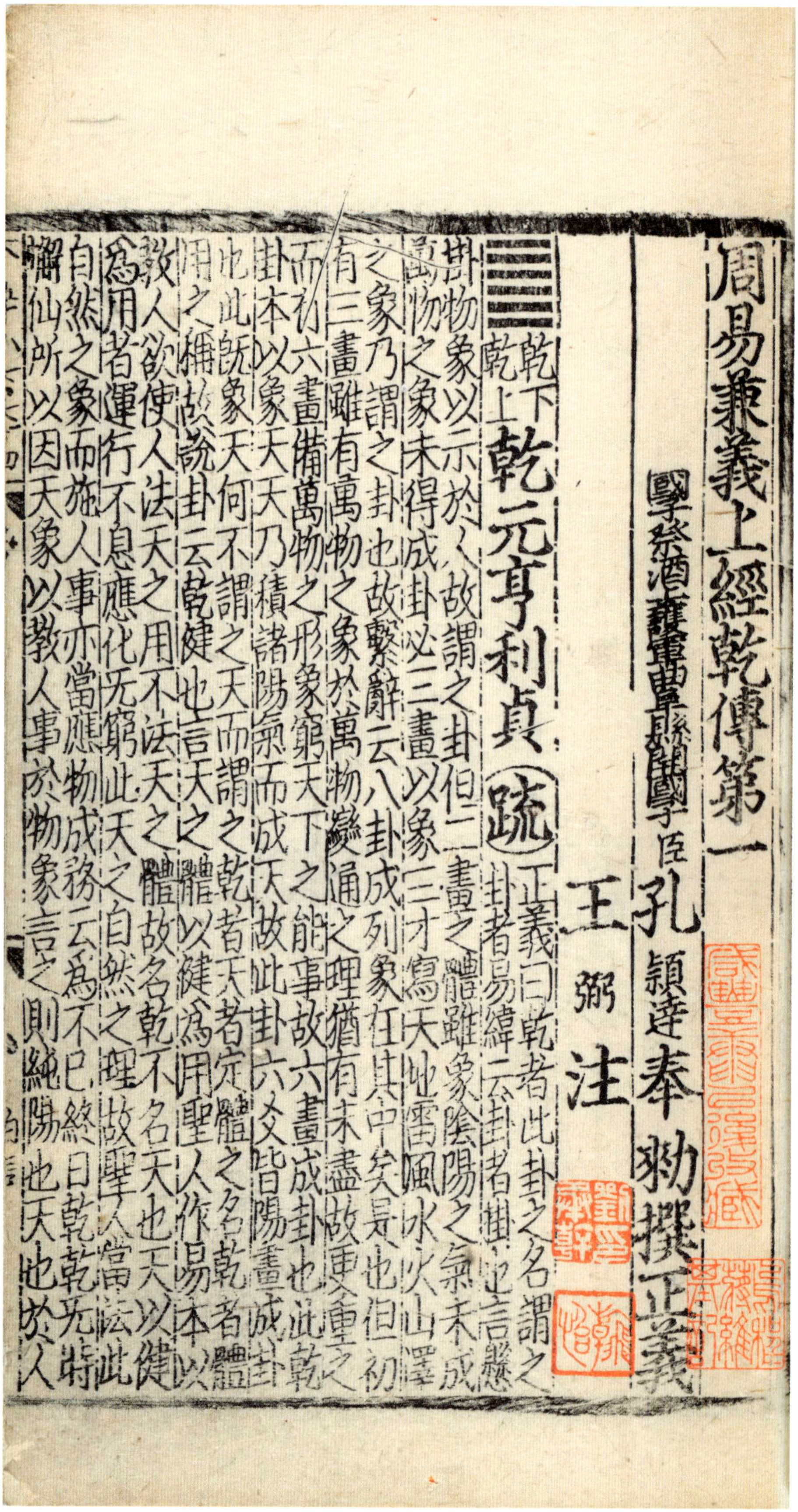

周易兼義上經乾傳第一

國子祭酒上護軍曲阜縣開國子臣孔穎達奉勑撰正義

王弼注

乾下乾上 乾元亨利貞 【疏】正義曰乾者此卦之名謂之卦者易緯云卦者掛也言懸掛物象以示於人故謂之卦但二畫之體雖象陰陽之氣未成萬物之象未得成卦必三畫以象三才寫天地雷風水火山澤之象乃謂之卦也故繫辭云八卦成列象在其中矣是也但初有三畫雖有萬物之象於萬物變通之理猶有未盡故更重之而有六畫備萬物之形象窮天下之能事故六畫成卦也此乾卦本以象天天乃積諸陽氣而成天故此卦六爻皆陽畫成卦也此既象天何不謂之天而謂之乾者天者定體之名乾者體用之稱故說卦云乾健也言天之體以健為用聖人作易本以教人欲使人法天之用不法天之體故名乾不名天也天以健為用者運行不息應化無窮此天之自然之理故聖人當法此自然之象而施人事亦當應物成務云為不已終日乾乾無時懈倦所以因天象以教人事於物象言之則純陽也天也於人

經典釋文卷第一 周易音義

唐國子博士兼太子中允贈齊州刺史吳縣開國男陸德明撰

周 代名也周至也遍也備也今名書義取周普 易 盈隻反此經名也虞翻注參同契云字從日下月 上經 者對下立名經者常也法也徑也由也 乾傳 直戀反以傳述為義謂夫子十翼也解見發題 第一 第亦作弟 王弼注 本亦作王輔嗣注音張具反今本或无注字師說无者非

☰ 乾 竭然反依字作乾下乙乾從旦从㫃音偓說卦云乾健也此八純卦象天 元亨 許庚反卦德也訓通也餘放此 潛 捷鹽反 龍 喻陽氣及聖人 見龍 賢遍反示也注及下見龍皆同 利見 如字下皆同 大人 王肅云聖人在位之目 離隱 力智反 處於 昌呂反衆經不音者放此 德施 始豉反與也 不偏 音篇 則過 古臥反經內皆同 夕惕 他歷反怵惕也鄭玄云懼也廣雅同 若厲 力世反危也 无 音無易內皆作此字說文云奇字無也通於无者虛无道也王述說天屈西北為无 咎 其九反易內同 重剛 直龍反下同 竭知 音智

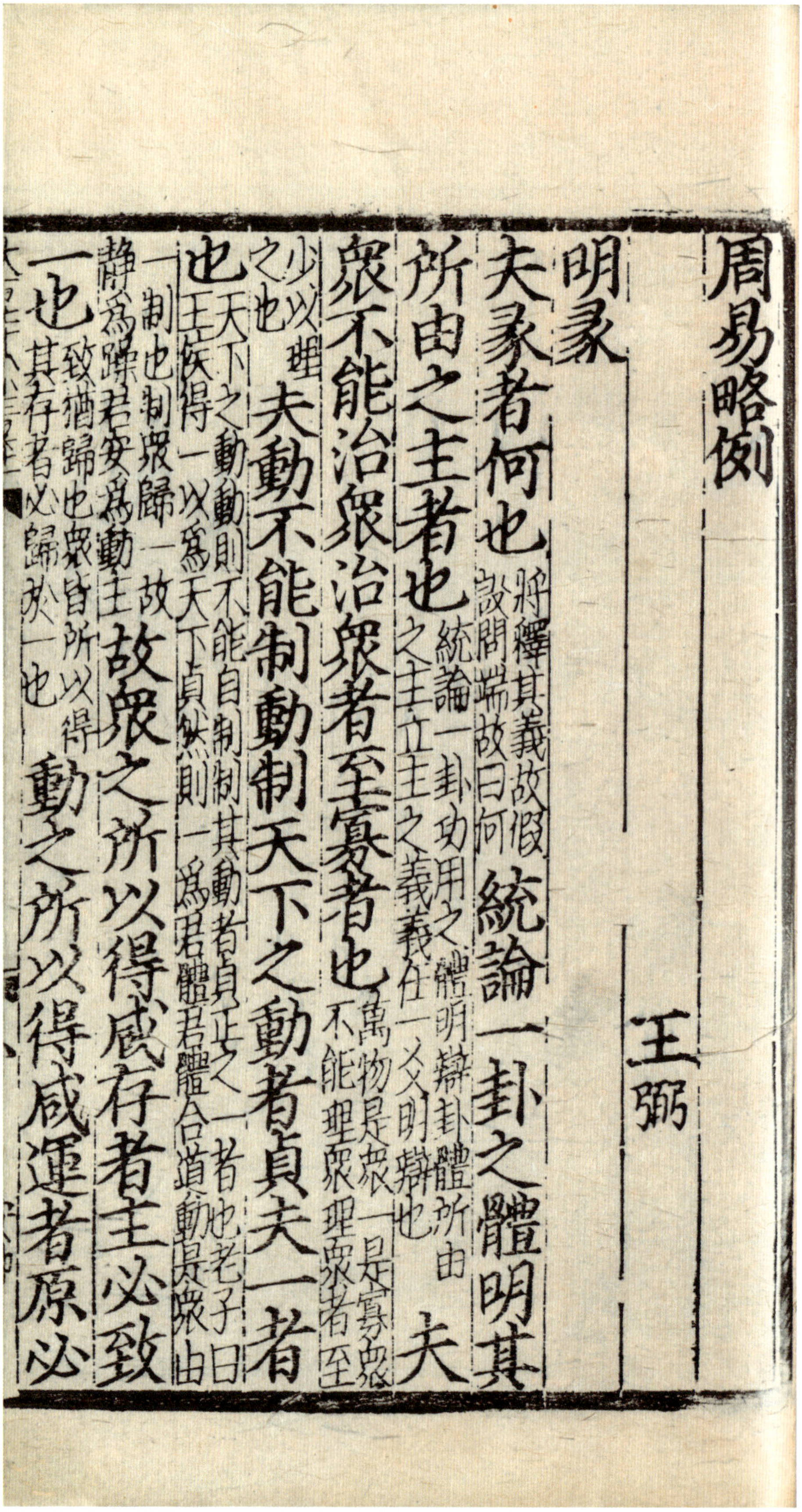

周易略例

王弼

明彖

夫彖者何也將釋其義故假設問端故曰何統論一卦之體明其所由之主者也統論一卦功用之體明辯卦體所由之主立主之義義在一以明辯也夫衆不能治衆治衆者至寡者也萬物是衆一是寡衆不能理衆理衆者至少以理之也夫動不能制動制天下之動者貞夫一者也天下之動動則不能自制制其動者貞正之一者也老子曰王侯得一以爲天下貞然則一爲君體君體合道動是衆由一制也制衆歸一故靜爲躁君安爲動主故衆之所以得咸存者主必致一也致猶歸也衆皆所以得其存者必歸於一也動之所以得咸運者原必

監本附音春秋公羊注疏二十八卷

漢何休注，唐徐彦疏、陸德明音義。元刻明遞修本，十四册。

是本半葉十行，行十七字，小字雙行，行二十三字。左右雙邊；白口，明補版黑口；雙魚尾。書耳記某公某年。版框高19釐米，寬13.7釐米。版心上記大小字數，下記刻工姓名。元刻工有伯壽、善慶、德甫、以德、丘文、古月、以清、君美、天易、壽甫、德遠、文粲、王榮、余中、應祥、英玉、君錫、仁甫、禔甫、安、山、住、高、茂、文，明刻工有葉再友、江盛、王進富、詹蓬頭、陳珪、江長深、吴一、江四、蔡順、葉起、謝元慶、江元壽、王良富、江達、吴郎、張郎、魯椿、陸記青、陸四、曾堅、吴珠、余天禮、張尾郎、陸基郎、余富、楊尚旦。首載景德二年（1005）六月日中書門下牒，後有銜名四行，曰“工部侍郎參知政事馮、兵部侍郎參知政事王、兵部侍郎平章事寇、吏部侍郎平章事畢”。次列漢司空掾任城樊何休序。首卷首行題“監本附音春秋公羊注疏隱公卷第一”，雙行注“起元年，盡元年”。餘卷式同，或省“附音”二字。次行題“春秋公羊經傳解詁隱公第一”。後空二格題“何休學”。通體字畫清朗。

何休(129—182)，字邵公，任城樊人。東漢時期今文經學家，爲西漢公羊學大師董仲舒四傳弟子，以黨錮禁，閉門著書十餘年，成《春秋公羊傳解詁》十二卷。後徐彦爲之作疏，彦時代不詳，或言北朝人，或言唐人。釋音取自陸德明《經典釋文》。

是本《嘉業堂藏書志》作“宋刻元明補本”。岳珂云：“舊、新監本不附釋音。”（《九經三傳沿革例》）丁丙認爲，此監本亦附音，當出岳氏所見刊本之後。而《東瀛經籍訪古録》載是書作元槧本，爲元大德四年（1300）刻十三經（含《儀禮圖》而不含《儀禮注疏》）之一。今人陳先行則據刻工王英玉一葉“泰定四年”字樣，斷其爲元泰定間刻，即附釋音注疏之建本。此版入明後，遞有修補。明刻《十三經注疏》之閩本、監本、汲古閣本、清阮元刻《十三經注疏》本，皆從此本而來。

是本爲劉承幹嘉業堂舊藏。鈐“御賜抗心希古”朱文長方印、“吴興劉氏嘉業堂藏書記”朱文長方印。

中書門下
牒奉
勑國家欽崇儒術啓迪化源眷六籍之垂
文實百王之取法著於緗素皎若丹青乃
有前修詮其奧義爲之疏釋播厥方來頗
索隱於微言用擊蒙於後學流傳既久譌
舛遂多爰命校讎俾從刊正歷歲時而畫
瘁探簡策以惟精載嘉稽古之功允助好
文之理宜從雕印以廣頒行牒至准
勑故牒

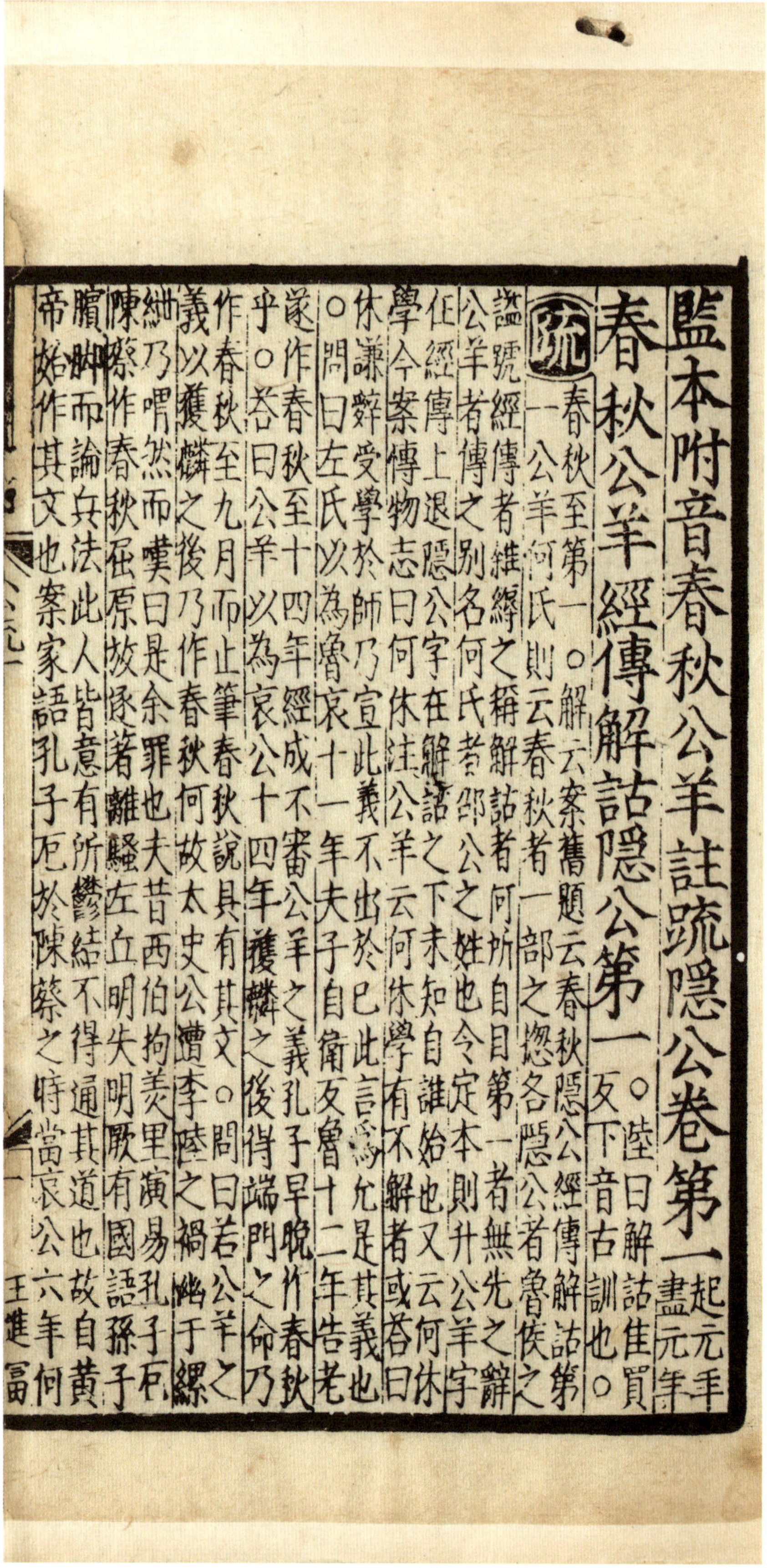

監本附音春秋公羊註疏隱公卷第一 起元年盡元年
春秋公羊經傳解詁隱公第一 ○陸曰解詁佳買反下音古訓也○
疏 春秋至第一 ○解云案舊題云春秋隱公經傳解詁第一公羊何氏則云春秋者一部之惣名隱公者魯侯之
謚號經傳者雜縟之稱解詁者何所自目第一者無先之辭
公羊者傳之别名何氏者邵公之姓也今定本則升公羊字
在經傳上退隱公字在解詁之下未知自誰始也又云何休
學今案博物志曰何休注公羊云何休學有不解者或荅曰
休謙辭受學於師乃宣此義不出於已此言爲允是其義也
○問曰左氏以爲魯哀十一年夫子自衛反魯十二年告老
遂作春秋至十四年經成不審公羊之義孔子早晚作春秋
乎○荅曰公羊以爲哀公十四年獲麟之後得端門之命乃
作春秋至九月而止筆春秋説具有其文○問曰若公羊之
義以獲麟之後乃作春秋何故太史公遭李陵之禍幽于縲
紲乃喟然而嘆曰是余罪也夫昔西伯拘羑里演易孔子戹
陳蔡作春秋屈原放逐著離騷左丘明失明厥有國語孫子
臏脚而論兵法此人皆意有所鬱結不得通其道也故自黄
帝始作其文也案家語孔子戹於陳蔡之時當哀公六年何
公元一 一 王進富

監本附音春秋穀梁注疏二十卷

晋范甯集解，唐楊士勛疏、陸德明音義。元刻明修補本，八册。

是本半葉十行，行十七字，小字雙行，行二十三字。經傳不别。如“元年春王正月”，即接傳文，不標傳字，與石經合。傳下“集解”亦不標“注”字，惟疏文則冠一大“疏”字於上。有明補刻之葉。左右雙邊；白口，明補版黑口；有書耳，記某公某年，明補版無；雙魚尾。版框高18.8釐米，寬12.5釐米。版心上記大小字數，下記刻工姓名。元刻工有君美、住、住郎、以清、善卿、善慶、德遠、敬中、余中、高、英玉、應祥、以德、壽甫、伯壽、丘文、禔甫、天易、文、茂卿、仲高、仁甫，明刻工有張尾郎、王良富、陸四、陳珪、詹蓬頭、采、豪、葉再友。前范甯序下，題“國子四門助教楊士勛撰，國子博士兼太子中允贈齊州刺史吴縣開國男陸德明釋文”。序文標題下多一“傳”字。每卷某公與大題相連。首册有缺損，已經抄補。

范甯（339—401），字武子，東晋南陽人。曾任豫章太守。著名經學家。《春秋穀梁傳集解》十二卷，是今存最早的《穀梁傳》注解。楊士勛，史籍無考，生卒、籍貫不詳。《四庫總目提要》推斷其爲唐太宗貞觀時人。曾任國子博士，參與孔穎達主持的《五經正義》纂修工作，與谷那律、朱長才等人一同編輯《春秋正義》。在擔任國子四門助教時，又據晉人范甯《春秋穀梁傳集解》纂成《春秋穀梁疏》。後成爲儒家經典十三經注疏之一種。

是本亦爲劉承幹嘉業堂舊藏，係元大德四年（1300）刻十三經（含《儀禮圖》而不含《儀禮注疏》）之一，即附釋音注疏之建本。此版入明後，遞有修補。明刻《十三經注疏》之閩本、監本、汲古閣本、清阮元刻《十三經注疏》本，皆從此本而來。

是本經袁克文、劉承幹收藏。袁克文（1889—1931），字豹岑，號寒雲，河南項城人。袁世凱次子，民國四公子之一，昆曲名家。喜收藏書畫、古玩。鈐“寒雲秘笈珍藏之印”朱文長方印、“嘉業堂藏善本”朱文長方印。

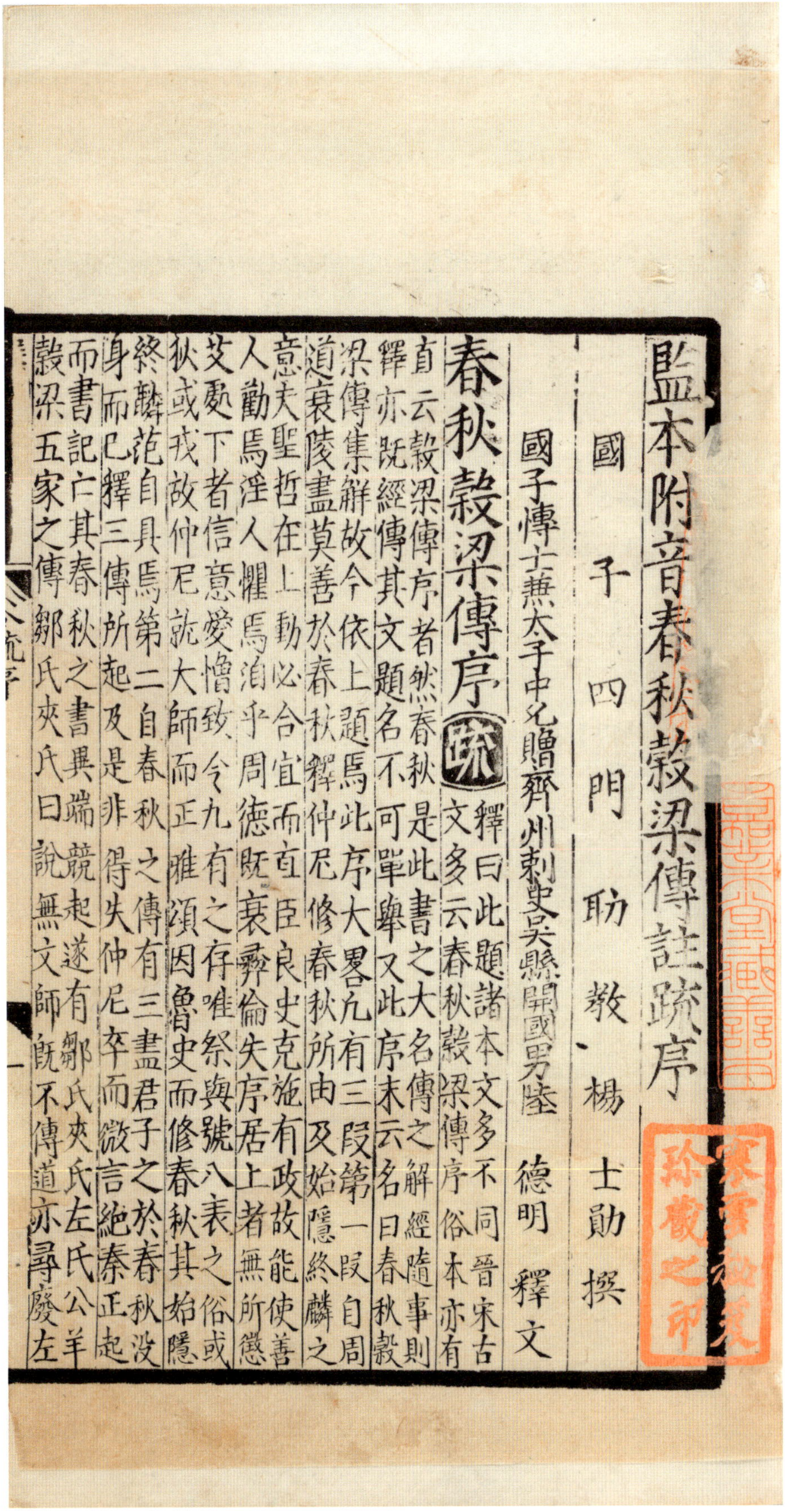

監本附音春秋穀梁傳註疏序

國子四門助教楊士勛撰

國子博士兼太子中允贈齊州刺史吳縣開國男陸德明釋文

春秋穀梁傳序〔疏〕釋曰此題諸本文多不同晉宋古文多云春秋穀梁傳序俗本亦有直云穀梁傳序者然春秋是此書之大名傳之解經隨事則釋亦既經傳共文題名不可單舉又此序末云名曰春秋穀梁傳集解故今依上題焉此序大畧凡有三段第一段自周道衰陵盡莫善於春秋釋仲尼修春秋所由及始隱終麟之意夫聖哲在上動必合宜而直臣良史克施有政故能使善人勸焉淫人懼焉洎乎周德既衰彝倫失序居上者無所懲艾處下者信意愛憎致令九有之存唯祭與號八表之俗或狄或戎故仲尼就大師而正雅頌因魯史而修春秋其始隱終麟範自具焉第二自春秋之傳有三盡君子之於春秋沒身而已釋三傳所起及是非得失仲尼卒而微言絶秦正起而書記亡其春秋之書異端競起遂有鄒氏夾氏左氏公羊穀梁五家之傳鄒氏夾氏口說無文師既不傳道亦尋廢左

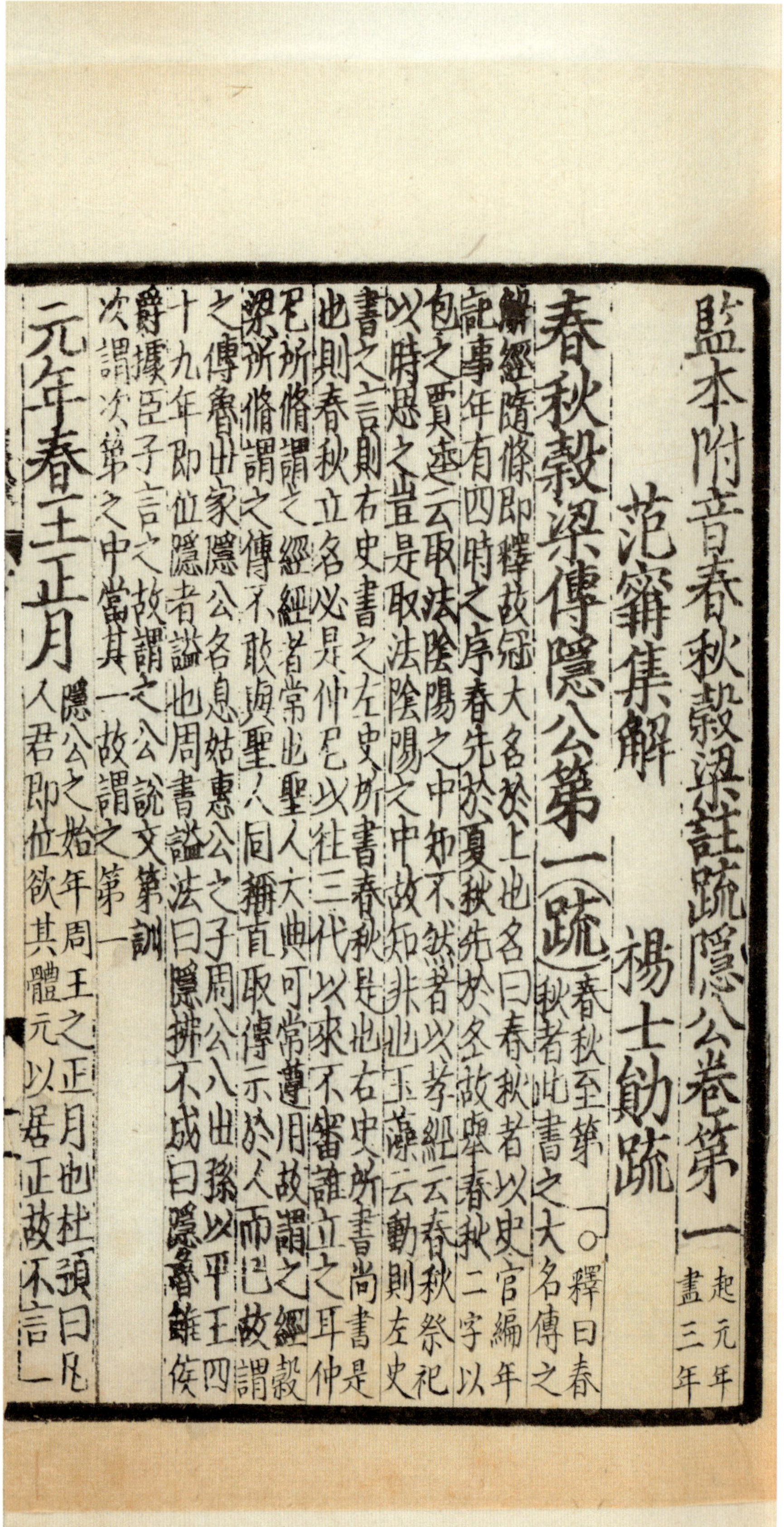
監本附音春秋穀梁註疏隱公卷第一 起元年盡三年
范甯集解 楊士勛疏
春秋穀梁傳隱公第一(疏)春秋至第一 ○釋曰春
秋者此書之大名傳之
解經隨條即釋故繼大名於上也名曰春秋者以史官編年
記事年有四時之序春先於夏秋先於冬故舉春秋二字以
包之賈逵云取法陰陽之中知不然者以孝經云春秋祭祀
以時思之豈是取法陰陽之中故知非也玉藻云動則左史
書之言則右史書之左史所書春秋是也右史所書尚書是
也則春秋立名必是仲尼以往三代以來不審誰立之耳仲
尼所脩謂之經經者常也聖人大典可常遵用故謂之經穀
梁所脩謂之傳不敢與聖人同稱直取傳示於人而已故謂
之傳魯世家隱公名息姑惠公之子周公八世孫以平王四
十九年即位隱者謚也周書謚法曰隱拂不成曰隱魯雖侯
爵據臣子言之故謂之公說文第訓
次謂次第之中當其一故謂之第一
元年春王正月 隱公之始年周王之正月也杜預曰凡
人君即位欲其體元以居正故不言一

大廣益會玉篇三十卷

梁顧野王撰，唐孫强增，宋陳彭年等重修，附《新編正誤足注玉篇廣韻指南》一卷。元至正十六年(1356)翠巖精舍刻本，四册。

是本半葉十三行，行十九字，小字雙行，行二十七字。左右雙邊，黑口，雙魚尾。版框高19.2釐米，寬12釐米。封面題："新刊足注/明本玉篇，翠巖精舍校正無誤。舊刊字畫漫滅，觀者憾焉。今得監本，字母全備，音釋詳明/謄録大字，鼎新刻梓，開卷瞭然，嘉與四方學者共之，幸鑒。"首題"大廣益會玉篇一部并序凡三十卷"。前有大中祥符六年(1013)都大提舉《玉篇》所牒及字數，記云："梁大同九年三月二十八日黄門侍郎兼太學博士顧野王撰本，唐上元元年甲戌歲四月十三日南國處士富春孫强增加字三十卷，凡五百四十二部，舊一十五萬八千六百四十一言，新五萬一千一百二十九言，新舊總二十萬九千七百七十言。注四十萬七千五百有三十字。"次野王序、啓各一首，附《新編正誤足注玉篇廣韻指南》一卷。蓋據釋神珙《反紐圖》而增益僧守温等之字母爲之。次總目，後有"至正丙申孟夏翠巖精舍新刊"牌記。第一卷後又有木記，與前同。

顧野王(519—581)，字希馮，原名體倫，吴郡吴縣人。南朝著名學者。歷官梁太學博士、陳國子博士、黄門侍郎、光禄大夫。《玉篇》乃其任梁太學博士時，奉命編撰的字書，“總會衆篇，校讎群籍”，共三十卷。因卷帙繁重，《玉篇》成書之後，修訂者甚多，其中唐上元元年（674）孫強增字減注本《玉篇》即其一。孫强，富春人，處士。宋大中祥符六年（1013），陳彭年奉敕重修孫强《玉篇》，成《大廣益會玉篇》。陳彭年（961—1017），字永年，江西省南城縣人。北宋音韻學家、文字學家，《廣韻》的主要修撰人。

是本當出自祥符官刊。今宋刊殘本尚存中國國家圖書館，而元刊本尚有多種，計有延祐二年（1315）圓沙書院本、建安蔡氏本、鄭氏本、詹氏進德書堂刻本、南山書院本，而此本國内罕有收藏。

此本係明治二十八年（1895）井井居士手裝，下有“竹添鴻章”白文方印，後有“三井家鑒藏”朱文長方印。又有“島田翰讀書記”白文長方印、“大正十二年所得古槧”朱文方印、“井井居士珍賞子孫永保”朱文長方印、“聽冰壬戌以後所集舊槧古抄”朱文方印、“聽冰”朱文方印。

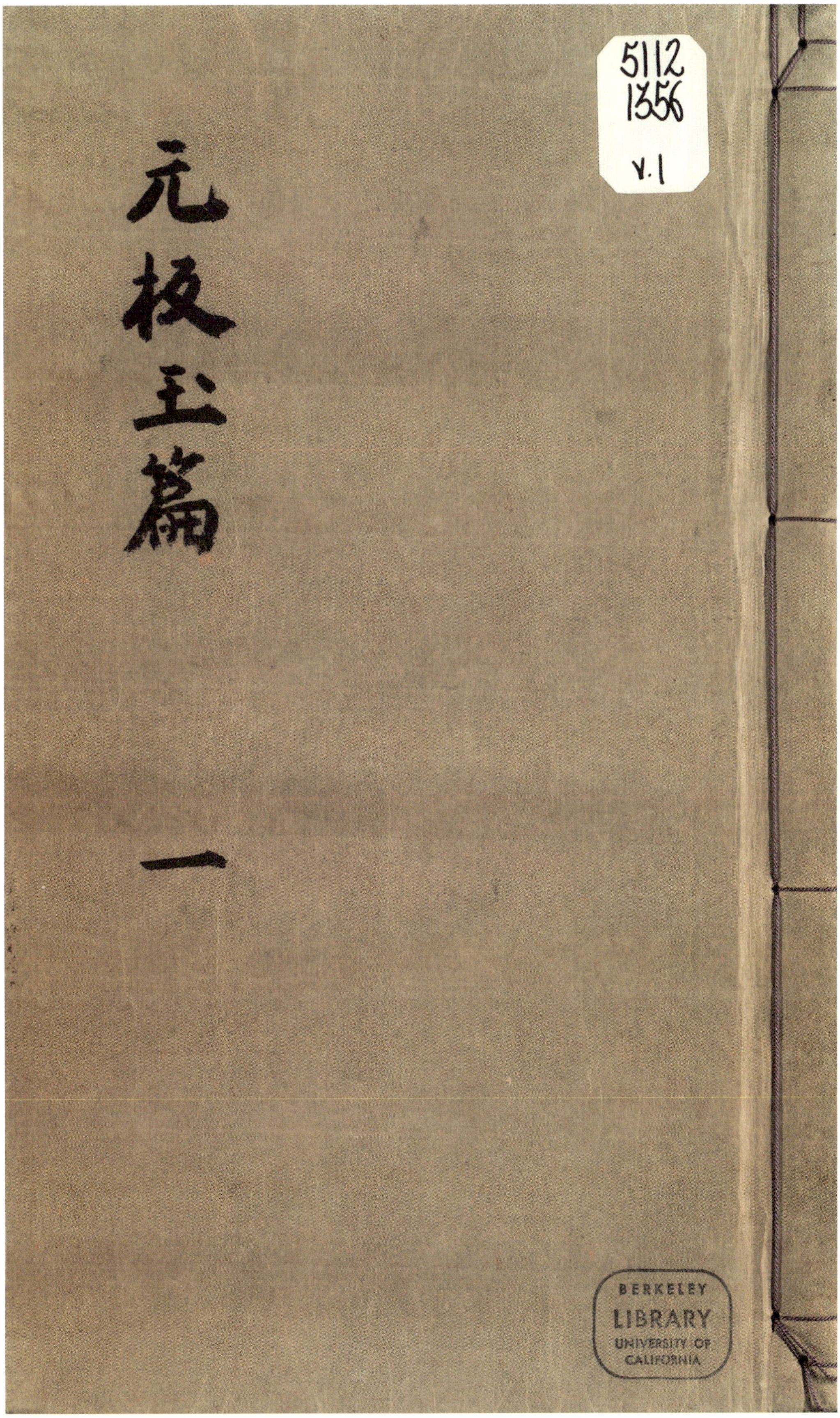
元校玉篇
一
5112
1356
v.1
BERKELEY
LIBRARY
UNIVERSITY OF
CALIFORNIA

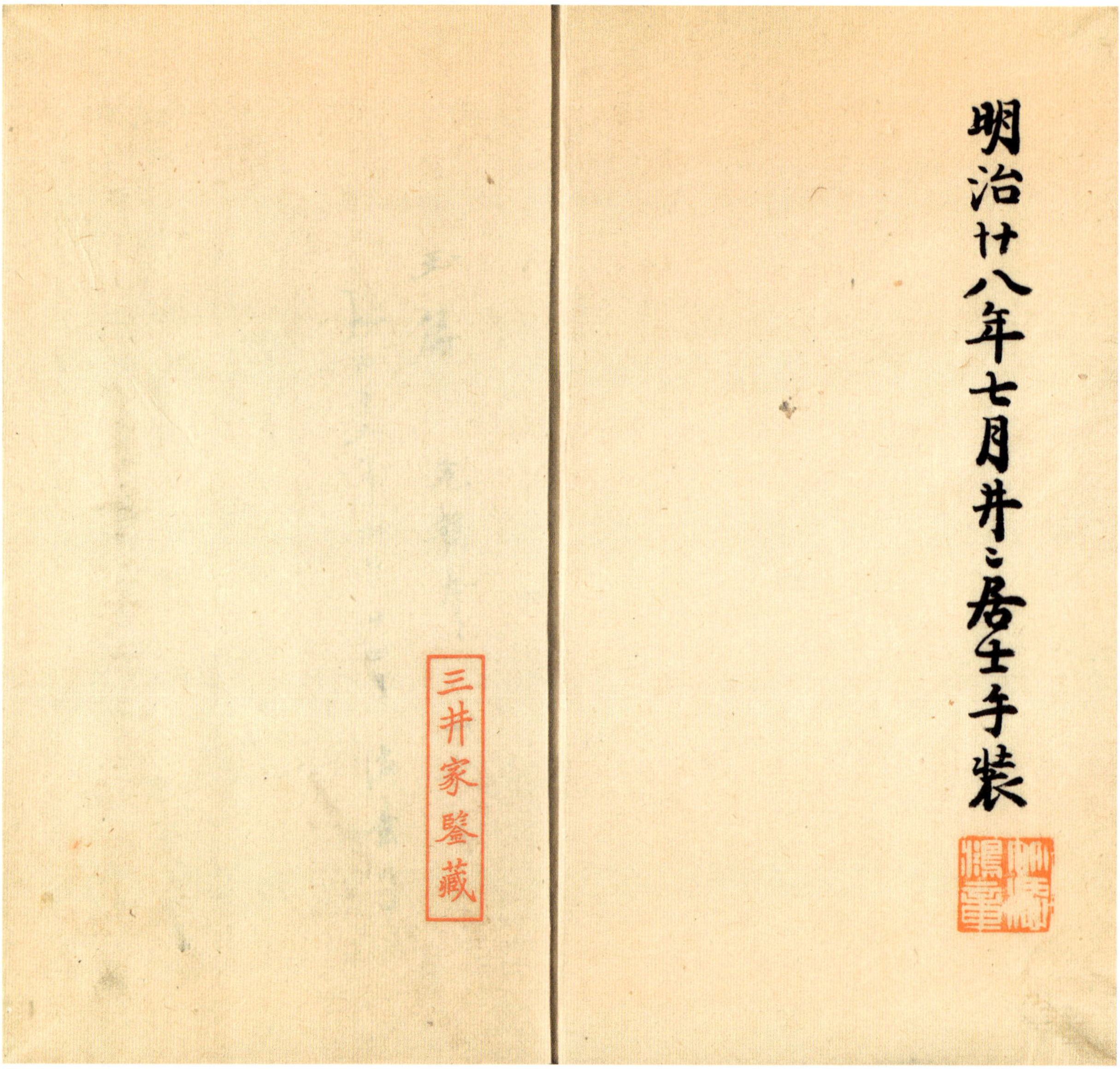
明治廿八年七月井〻居士手裝

三井家鑒藏

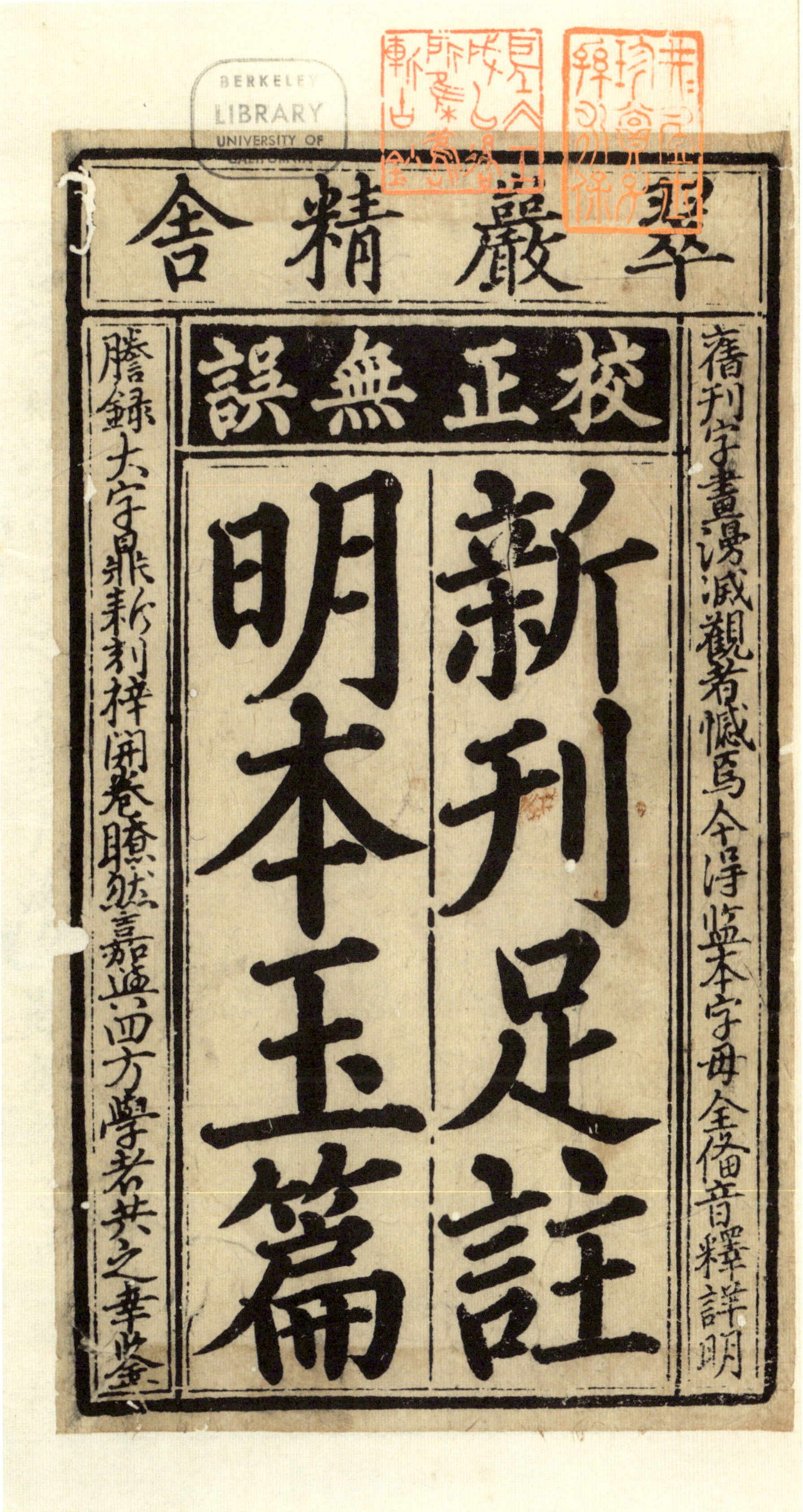
翠巖精舍
校正無誤
新刊足註
明本玉篇
舊刊字畫漫滅觀者憾焉今得監本字母全備音釋詳明
謄錄大字鼎新刻梓開卷瞭然嘉益四方學者共之幸鑒
BERKELEY LIBRARY UNIVERSITY OF CALIFORNIA

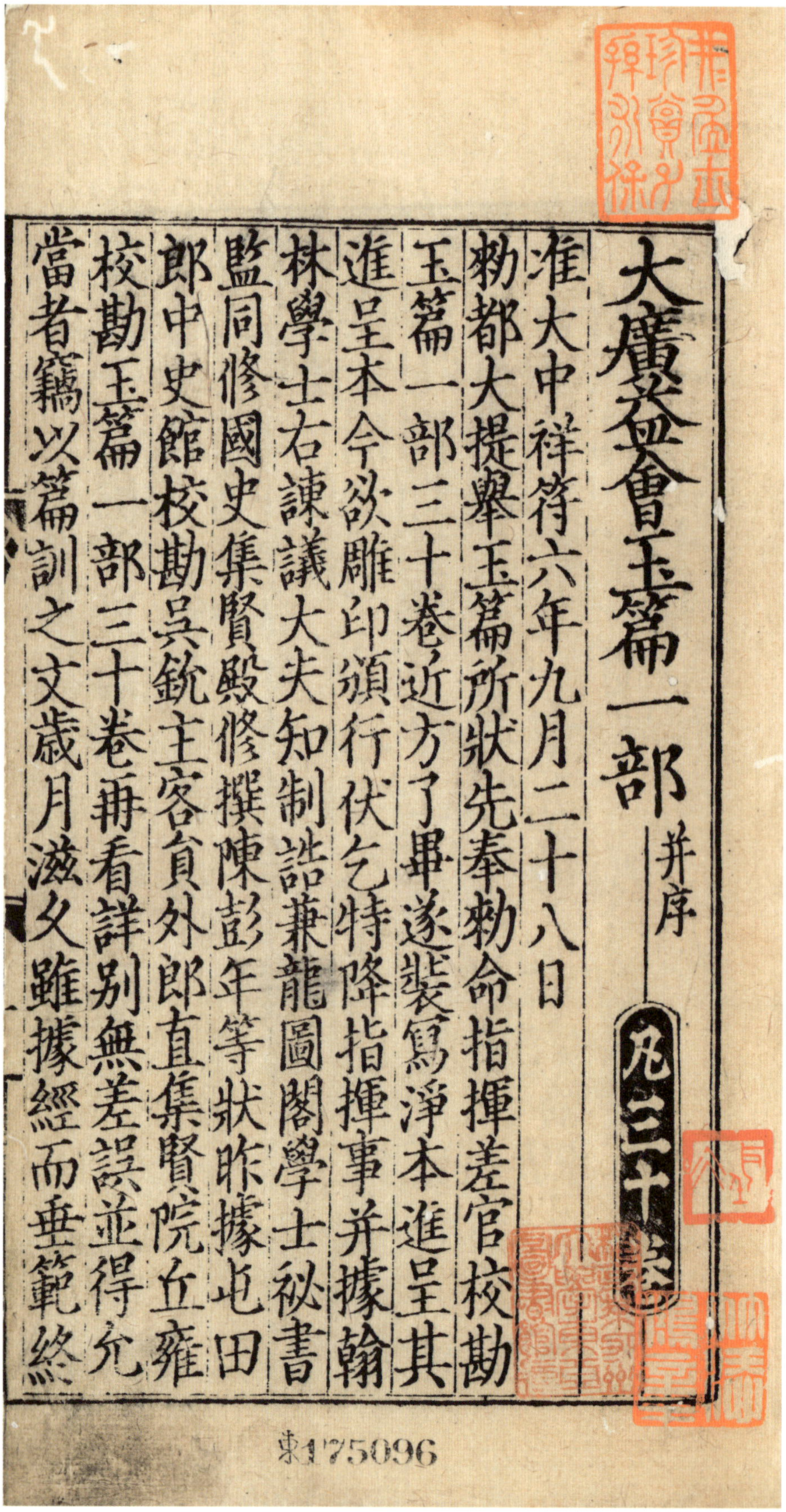

大廣益會玉篇一部 并序 凡三十卷

准大中祥符六年九月二十八日

勑都大提舉玉篇所狀先奉勑命指揮差官校勘

玉篇一部三十卷近方了畢遂裝寫淨本進呈其

進呈本今欲雕印頒行伏乞特降指揮事并據翰

林學士右諫議大夫知制誥兼龍圖閣學士祕書

監同修國史集賢殿修撰陳彭年等狀昨據屯田

郎中史館校勘吳銳主客員外郎直集賢院丘雍

校勘玉篇一部三十卷再看詳別無差誤並得允

當者竊以篇訓之文歲月滋久雖據經而垂範終

新編正誤足註玉篇廣韻指南

字有六書

一曰象形象物之形作字日月之字是也　二曰會意比類為字止戈為武人言為信是也　三曰形聲取譬相成江河之字是也

四曰指事指事為字上下之字是也　五曰假借本無其字依声託事令長之字是也　六曰轉註左轉為考右轉為老是也

字有八體

一曰大篆　二曰小篆　三曰刻符　四曰蟲書

五曰摹印　六曰署書　七曰殳書　八曰隸書

切字要法

一因煙如入声十六屑韻噎字一結切一｜｜噎餘皆做此　二人然　三新鮮　四錫涎

五迎妍　六零連　七清千　八賓邊　九經堅　十神禪

秦前如下平四宵韻樵字慈消切慈｜｜樵　寧年　寅延　眞氈　嫥偏

亭田　陳纏　平便　擎虔　輕牽　稱燀

丁顛　興掀　汀天　精箋　民眠　聲羶

刑賢　四字無文　｜｜如上平一東韻風字方中切方｜｜風　｜｜如上平八微韻微字無非切無｜｜微

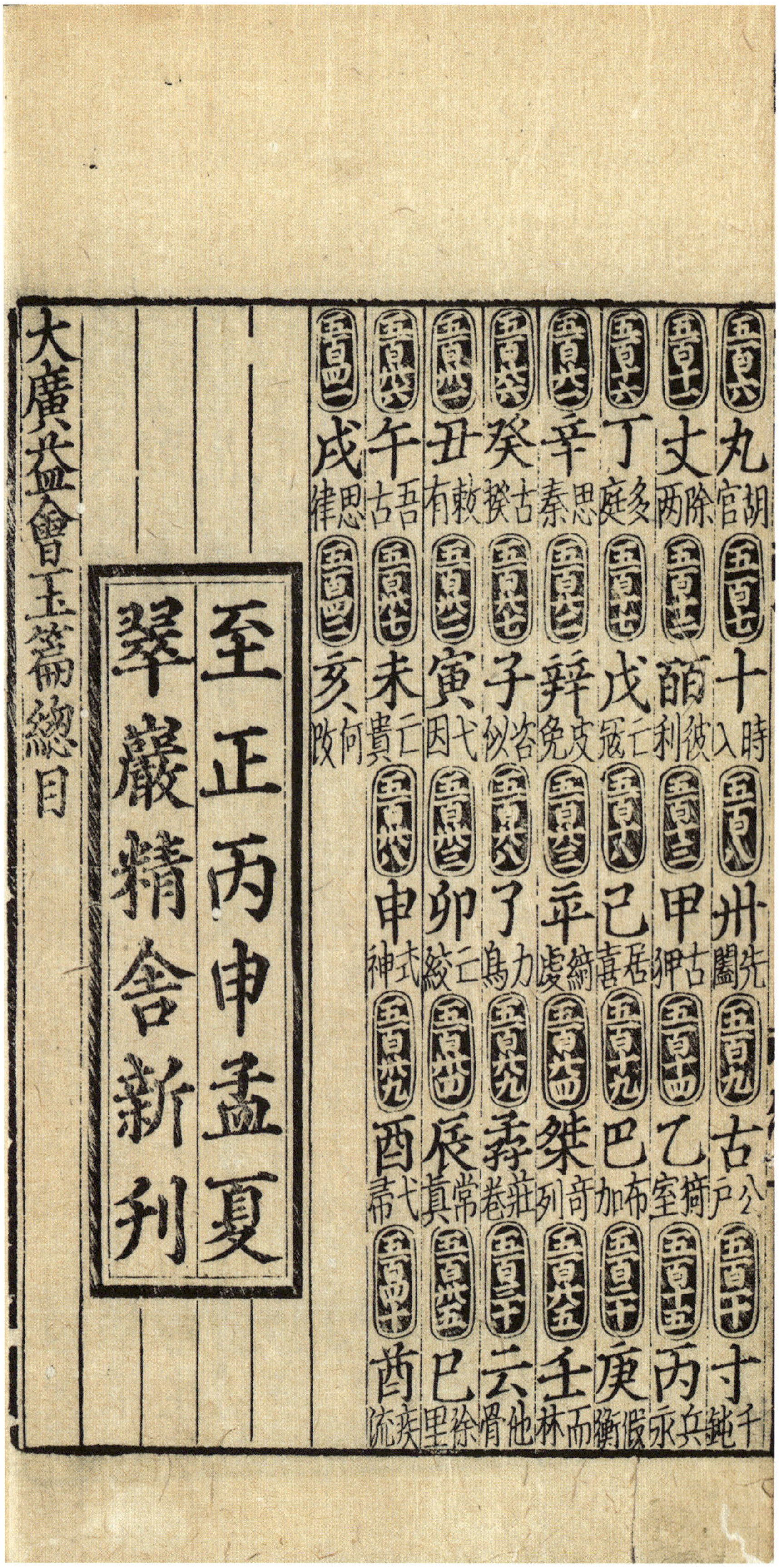
大廣益會玉篇總目

至正丙申孟夏
翠巖精舍新刊

五百六 丸 胡官 五百七 十 時入 五百八 卅 先闔 五百九 古 公戶 五百十 寸 千鈍
五百十一 丈 除兩 五百十二 𠕋 彼利 五百十三 甲 古狎 五百十四 乙 猗室 五百十五 丙 兵永
五百十六 丁 多庭 五百十七 戊 亡候 五百十八 己 居喜 五百十九 巴 布加 五百二十 庚 假衡
五百廿一 辛 思秦 五百廿二 辡 皮免 五百廿三 平 綺虐 五百廿四 桀 奇列 五百廿五 壬 而林
五百廿六 癸 古揆 五百廿七 子 咨似 五百廿八 了 力鳥 五百廿九 孨 莊卷 五百三十 𠫓 他骨
五百卅一 丑 敕有 五百卅二 寅 弋因 五百卅三 卯 亡絞 五百卅四 辰 常真 五百卅五 巳 徐里
五百卅六 午 吾古 五百卅七 未 亡貴 五百卅八 申 式神 五百卅九 酉 弋帚 五百四十 酋 疾流
五百四一 戌 思律 五百四二 亥 何改

大廣益會玉篇卷第一 凡八部

一部第一 凡八字

一 於逸切說文曰惟初太始道立於一造分天地化成萬物道德經云昔之得一者天得一以清地得一以寧神得一以靈谷得一以盈萬物得一以生侯王得一以爲天下正王弼曰一者數之始也物之極也又同也少也初也或作壹 弌古文

天 他前切說文曰天顚也至高無上从一大爾雅曰春爲蒼天夏爲昊天秋爲旻天冬爲上天詩傳曰尊而君之則稱皇天元氣廣大則稱昊天仁覆閔下則稱旻天自上降監則稱上天據遠視之蒼蒼然則稱蒼天呂氏春秋云天有九野東方蒼天東南方陽天南方炎天西南方朱天西方顥天西北方幽天北方玄天東北方變天中央鈞天太玄經曰九天一爲中天二爲羨天三爲從天四爲更天五爲睟天六爲廓天七爲減天八爲沈天九爲成天釋名曰天豫司兗冀以舌腹言之天顯也在上高顯也青徐以舌頭言之天坦也坦然高而遠也 兲古文 𠑹古文

元 五袁切說文曰元始也易曰元者善之長也春秋傳曰狄人歸其元元首也韓詩曰元長也公羊傳曰元年春者何君之始年也何休云變一言元元者氣也左氏傳曰凡人君即位欲其體元以居正故不言一年一月也漢書曰勸元元師古曰元元善意

丕 普邳切虞書曰嘉乃丕績孔安國曰丕大也或作不

吏 力致切說文曰治人者也夏書曰天吏逸德烈于猛火周禮八則二曰灋置以敺其吏左傳王使委於三吏杜預曰三吏三公也記曰五官之長曰伯其擯於天子也曰天子之吏

𠀋 竹尾切

上部第二 凡九字

上 市讓切說文曰高也又居也易曰本乎天者親上虞書曰正月上日孔安國曰

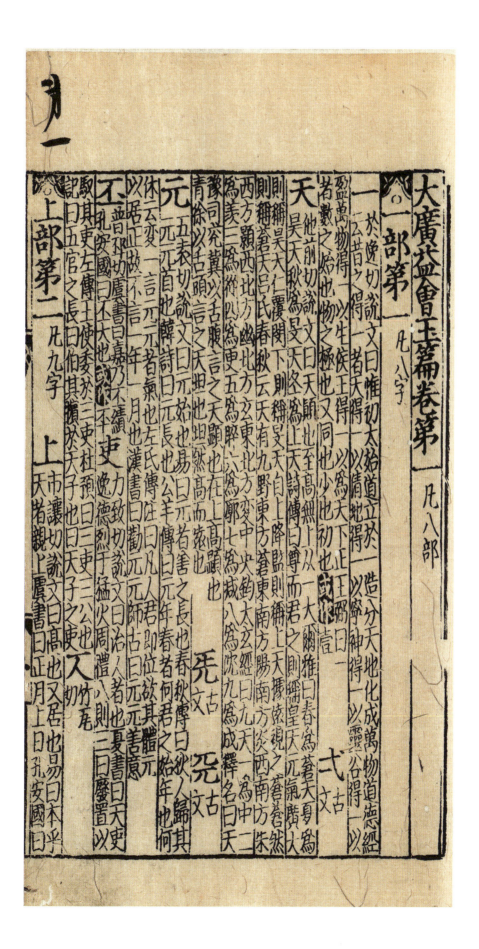

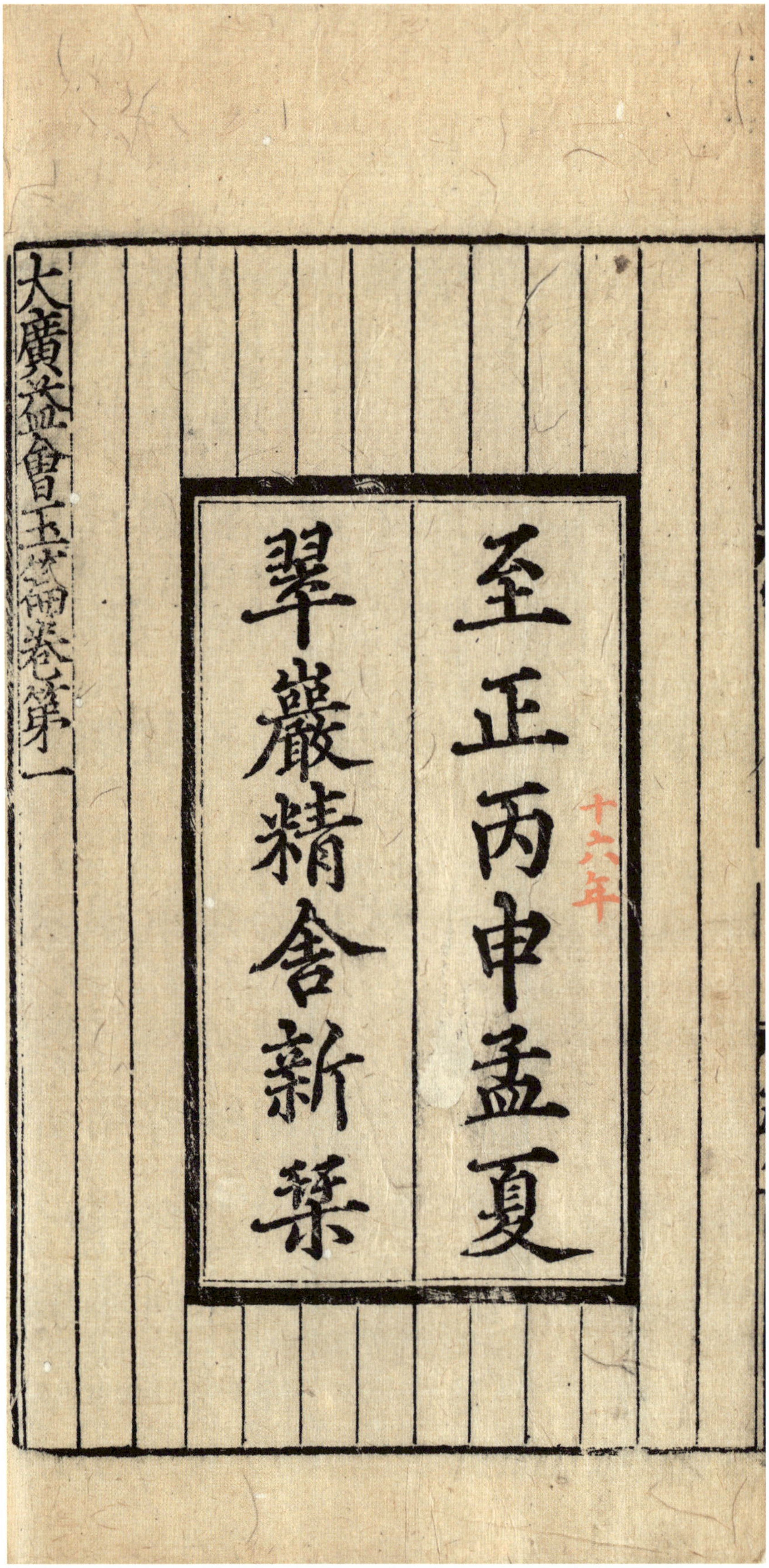
大廣益會玉篇卷第一
至正丙申孟夏
十六年
翠巖精舍新栞

大廣益會玉篇卷第四

頁部三十六 一百九十九字

頁 下結切說文云頭也　頭 達侯切說文首也　題 達兮切額也楚辭彫題黑齒

顏 五姦切國語天威不違顏咫尺顏謂眉目之間也　顯 魚怨切顚也　願 同上思也欲也　頵 於倫切頭頵頵大也亦楚君名

顀 張追直軌二切爾雅𩔁傅面顀任顀中央頭頂頭縫　䪻 有衮切面急皃　碩 市易切大也　頒 扶云切大首皃一云衆也又音班

頌 公谷切又公羊絕目頌八也公言頌頷也說文又平咸切顩也　顄 胡感切頤也　頷 同上又下感切　頓 都鈍切下首也周禮九拜二曰頓首

頡 胡結切倉頡古造書者詩傳飛而上曰頡說文直項也　䫨 五高切高大也　𩓥 莫佩切昧前也　顥 胡暠切白皃楚辭云天白顥顥

顩 苦閻魚檢研一三切禮注長脸皃說文云頭鬢少髮皃　𩕰 防園切大醜皃　𩓧 在姓切好皃　𩒱 下計切恐也又去結切

額 雅格切方言中夏謂之頟東齊謂之顙釋名鄂也有垠鄂　頟 同上　顙 酥朗切額也　頷 户感切莊子驪龍頷下又音含

頊 徒木切又徒洛切　顱 力胡切頊顱髑髏　項 胡講切頸後也　頸 古郢切頭莖也　領 良郢切詩傳云領項也周禮注猶理也

頤 以之切養也頥也古文𦣞同　頂 丁領切顛也上也　𩕏 籒文　頑 五環切鈍也　顐 苦昆苦鈍二切頭無髮也一曰耳門

煩 諸其切項也又垂頭皃　顛 都堅切頂也山頂　𩓋 吉惟切小頭皃　𩔛 同上　頗 普波切不平也偏也又匹陂切

顤 牛姚切五弔切高長頭皃　頞 惡葛切鼻莖也亦作齃　頰 居牒切面旁也　顆 口火切小頭皃　顑 口感呼可二切飯不飽面黃起行也

顝 口骨口困二切相抵觸　𩑢 公典公很二切頰後　頍 丘婢切舉頭皃　頛 力罪切頭不正　類 力外切爾雅疾也說文難曉也一曰鮮白皃

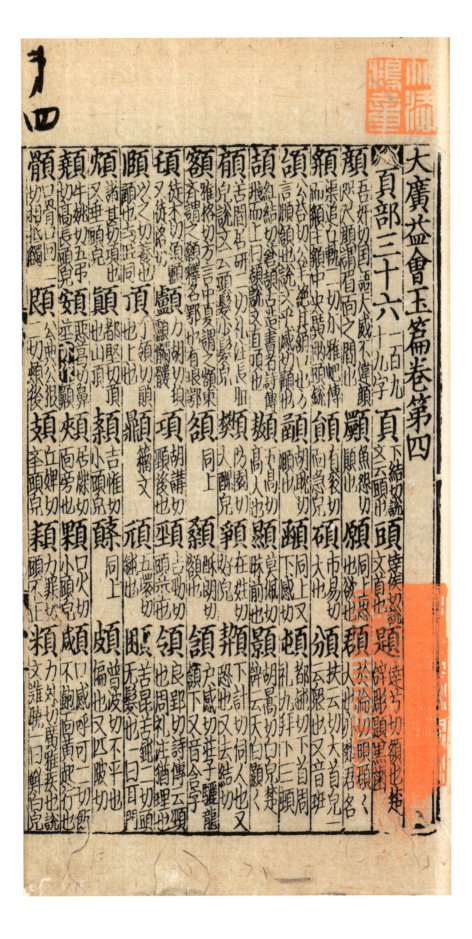

魏書一百十四卷存卷一至四、四十三至四十八、七十九至八十六

北齊魏收撰，宋刻宋元明遞修本，三册。

是本半葉九行，行十八字，間有行十七字，左右雙邊，單黑尾。白口黑口相間，修版多細黑口。版框高22.4釐米，寬17.8釐米。整版補刻者於版心記刻版年，如目録第五、八、十一、十四、十五、卅四葉版心記“嘉靖八年補刊”，目録第一、七、十三葉版心記“嘉靖九年補刊”，目録第廿六至廿九葉版心記“嘉靖十年補刊”。所謂“卷四十九”之“九”係由“八”修版而成。宋刻工有邵耳、周明、張明等，元刻工有何建、毛原敬、茅化龍等，明刻工有陳源、黄珣、黄珪、黄玉、黄瑜、秀、黄琉、黄林、劉尾、黄銑、黄球、黄瓏等。

魏收（505，一説506—572），字伯起，小字佛助，鉅鹿郡下曲陽人氏，其纂修《魏書》始於東魏興和間，完成於北齊天保年間。《北史·魏收傳》載：“人稱其才，而鄙其行。”

全書記録北魏歷史，包含本紀十二篇十四卷、列傳九十二篇九十八卷、志十篇二十卷。《魏書》在歷代紀傳體史書中，首創《釋老志》、《官氏志》體例，以及同宗族成員合傳的體例，并且具有内容豐富的特點。但該史散佚嚴重，周一良《魏收之史學》云：“宋初其書已亡佚不完，紀缺二卷，傳缺二十二卷，不全者三卷，志缺二卷，後人取諸書補之。此

外，殘缺不完，而未經補綴者，猶有二十九卷，綜計全缺及不完者凡五十八卷，其目詳見殿本《廿四史考證》及《魏書源流考》。”

是本爲宋刻宋元明三代遞修，即“眉山七史”本，原爲曾鞏等人校定，刊於浙江地區，後經靖康之變，四川轉運使井憲孟修補重刊於四川眉山，書版於元代移入西湖書院，明代移入南京國子監，是爲“南監本”，元明歷經修補，故稱“三朝本”。

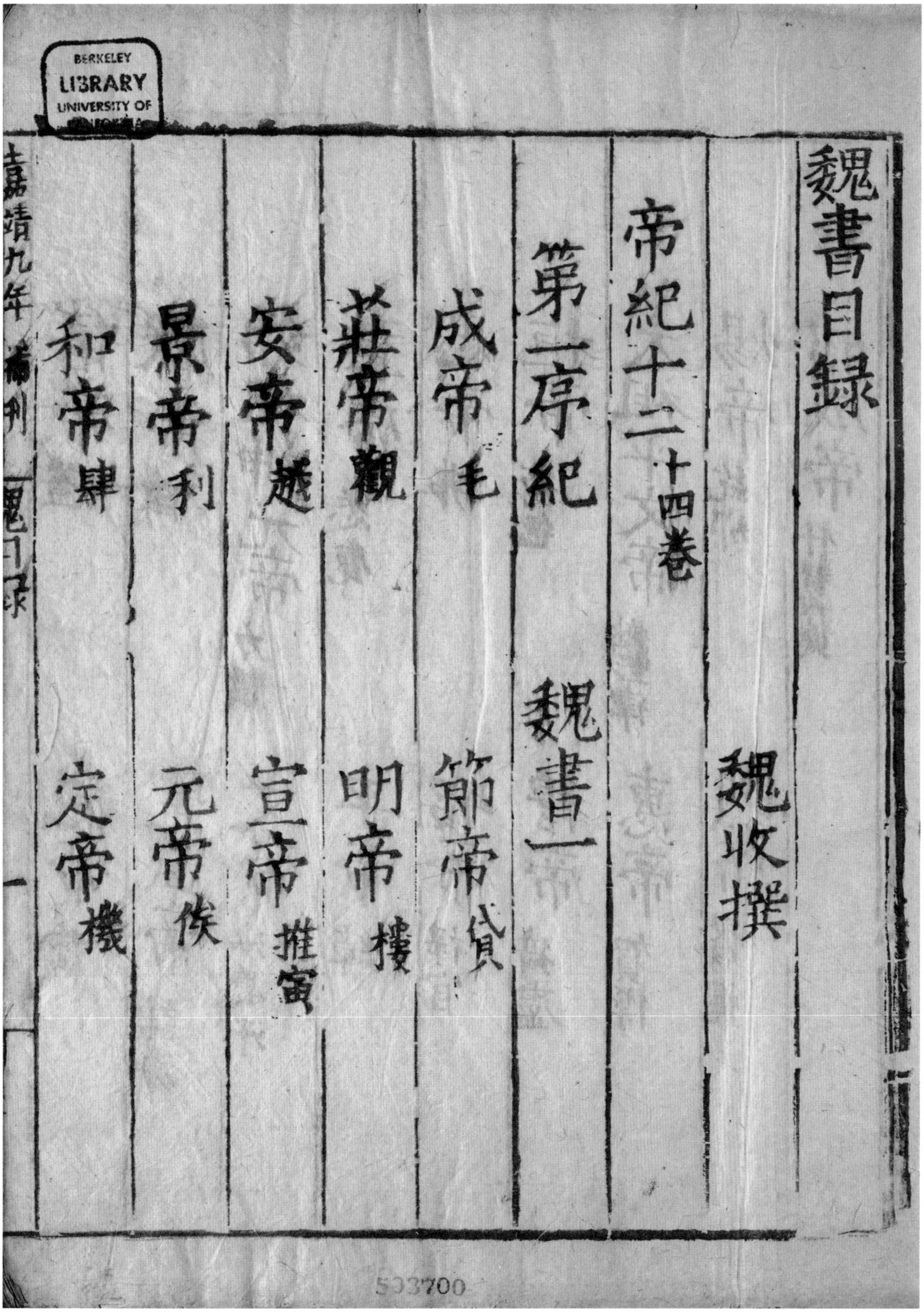

魏書目録

魏收撰

帝紀十二十四卷

第一序紀　魏書一

成帝毛　節帝貸

莊帝觀　明帝樓

安帝越　宣帝推寅

景帝利　元帝俟

和帝肆　定帝機

嘉靖九年補刊　魏目録　一

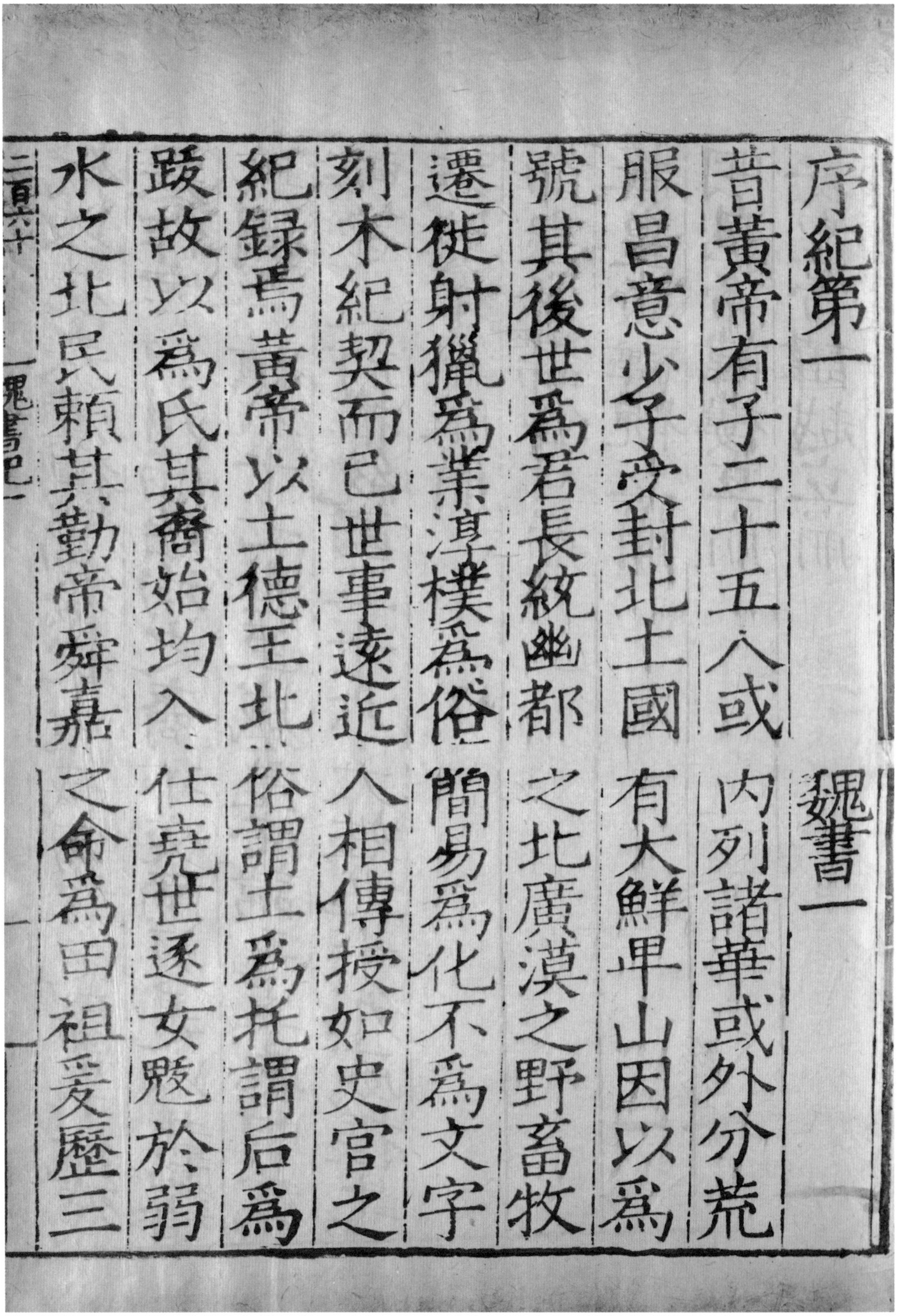

序紀第一　　魏書一

昔黄帝有子二十五人或内列諸華或外分荒

服昌意少子受封北土國有大鮮卑山因以爲

號其後世爲君長統幽都之北廣漠之野畜牧

遷徙射獵爲業淳樸爲俗簡易爲化不爲文字

刻木紀契而已世事遠近人相傳授如史官之

紀録焉黄帝以土德王北俗謂土爲托謂后爲

跋故以爲氏其裔始均入仕堯世逐女魃於弱

水之北民賴其勤帝舜嘉之命爲田祖爰歷三

二百六十一　魏書紀一　一

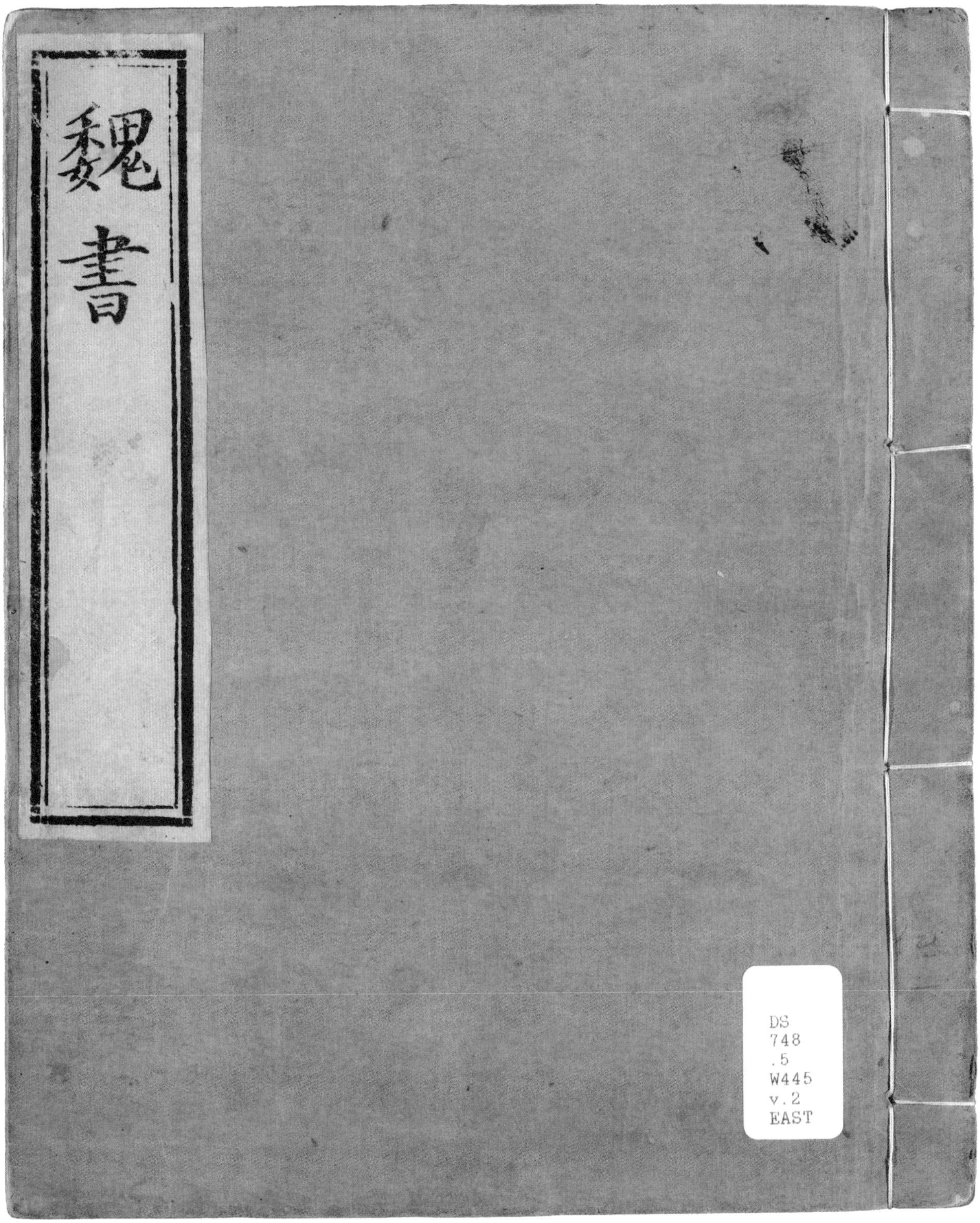
魏書
DS
748
.5
W445
v.2
EAST

纂圖互注荀子二十卷

荀况撰，三十二篇，唐楊倞注，分二十卷。元刻明修本，二册。

是本半葉十一行，行二十一字，小字雙行，行二十五字，左右雙邊，上下粗黑口。版框高18.1釐米，寬11.6釐米。卷端首行題“纂圖互注荀子卷第一”，次行題“唐大理評事楊倞注”。版心間陰文鎸刻工姓名：立成、陸郎、好九、計榮、陸道熹、謝壽、天茂。

荀况即荀子（約前313—前238），趙國猗氏人，時人尊而號爲“卿”。西漢時，因避漢宣帝劉詢諱，故又稱孫卿。戰國末期思想家，儒家學派的代表人物。曾三次出齊國稷下學宫祭酒，後爲楚蘭陵令。《荀子》一書，就是其與弟子所著。由於《荀子》一書在思想上并不完全與孔孟一致，以致自漢至唐，鮮有爲之作注者。現存《荀子》的最早注本，是由唐代楊倞完成的。楊氏爲唐憲宗年間弘農人，曾任大理評事，後官東川節度使、刑部尚書。兩《唐書》皆無傳。

此本首有清鍾文烝跋，言其同治丁卯年（六年，1867）得自上海城南嘉興戴氏，越三歲，據明翻刻本補其序目及第六卷第九葉。楊序後有欹器、大路、龍旗九斿三圖。是書標爲“纂圖互注”，書中於楊倞注外，又加重言重意互注諸例，與經部宋本《毛詩》、《周禮》、《春秋經傳集解》三書同，圖樣字體版式亦復相等。此書乃宋時書肆所刻，元人翻雕。盧文弨曰：“雖有脱譌差舛，而未經校改，其本真猶未盡失。”（《鐵琴銅劍樓藏書目録》卷十三子部一）而顧千里以爲明世德堂本即出此本。

鈐“拜經樓吴氏藏書”朱文方印、“鍾文烝印”白文方印、“巍堂鍾氏信美齋庚申以後所得書”朱文方印、“白美”朱文方印、“白娥”朱文方印、“劉承幹字貞一號翰怡”白文方印、“吴興劉氏嘉業堂藏書印”朱文方印。

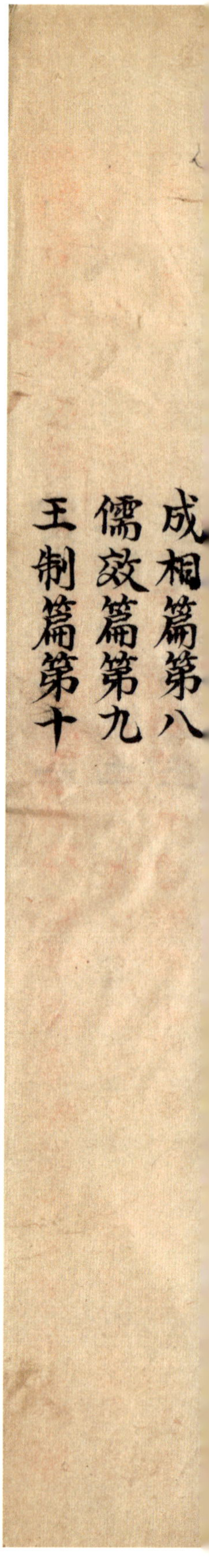

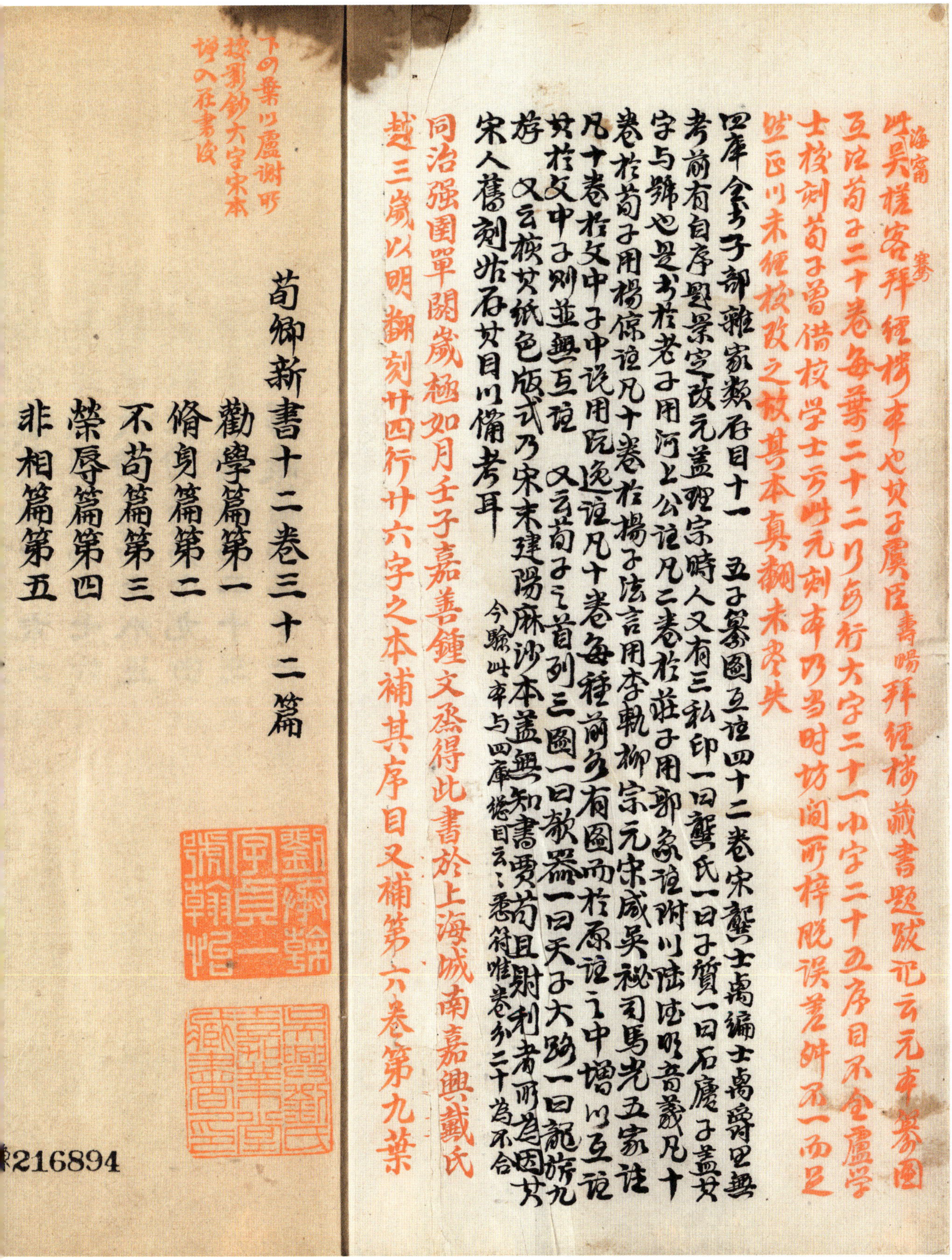
此海甯吳槎客騫拜經樓本也其子虞臣壽暘拜經樓藏書題跋記云元本纂圖
互注荀子二十卷每葉二十二行每行大字二十一中字二十五序目不全盧學
士校刻荀子曾借校學士云此元刻本乃當時坊間所梓脫誤甚多不一而足
然亦以未經校改之故其本真猶未盡失
四庫全書子部雜家類存目十一　五子纂圖互注四十二卷宋龔士卨編士卨爵里無
考前有自序題景定改元蓋理宗時人又有三私印一曰龔氏一曰子質一曰石虞子蓋其
字與號也是書於老子用河上公注凡二卷於莊子用郭象注附以陸德明音義凡十
卷於荀子用楊倞注凡十卷於揚子法言用李軌柳宗元宋咸吳祕司馬光五家注
凡十卷於文中子中說用阮逸注凡十卷每種前多有圖而於原注之中增以互注
其於文中子則並無互注　又云荀子之首列三圖一曰欹器一曰天子大路一曰龍旂九
斿　又云核其紙色版式乃宋末建陽麻沙本蓋無知書賈苟且射利者所爲因其
宋人舊刻姑存其目以備考耳　今驗此本與四庫總目云云悉符唯卷多二十爲不合
同治強圉單閼歲極如月壬子嘉善鍾文烝得此書於上海城南嘉興戴氏
越三歲以明翻刻廿四行廿六字之本補其序目又補第六卷第九葉
下之葉以盧謝所校影鈔大字宋本補入在書後
荀卿新書十二卷三十二篇
勸學篇第一
脩身篇第二
不苟篇第三
榮辱篇第四
非相篇第五
216894

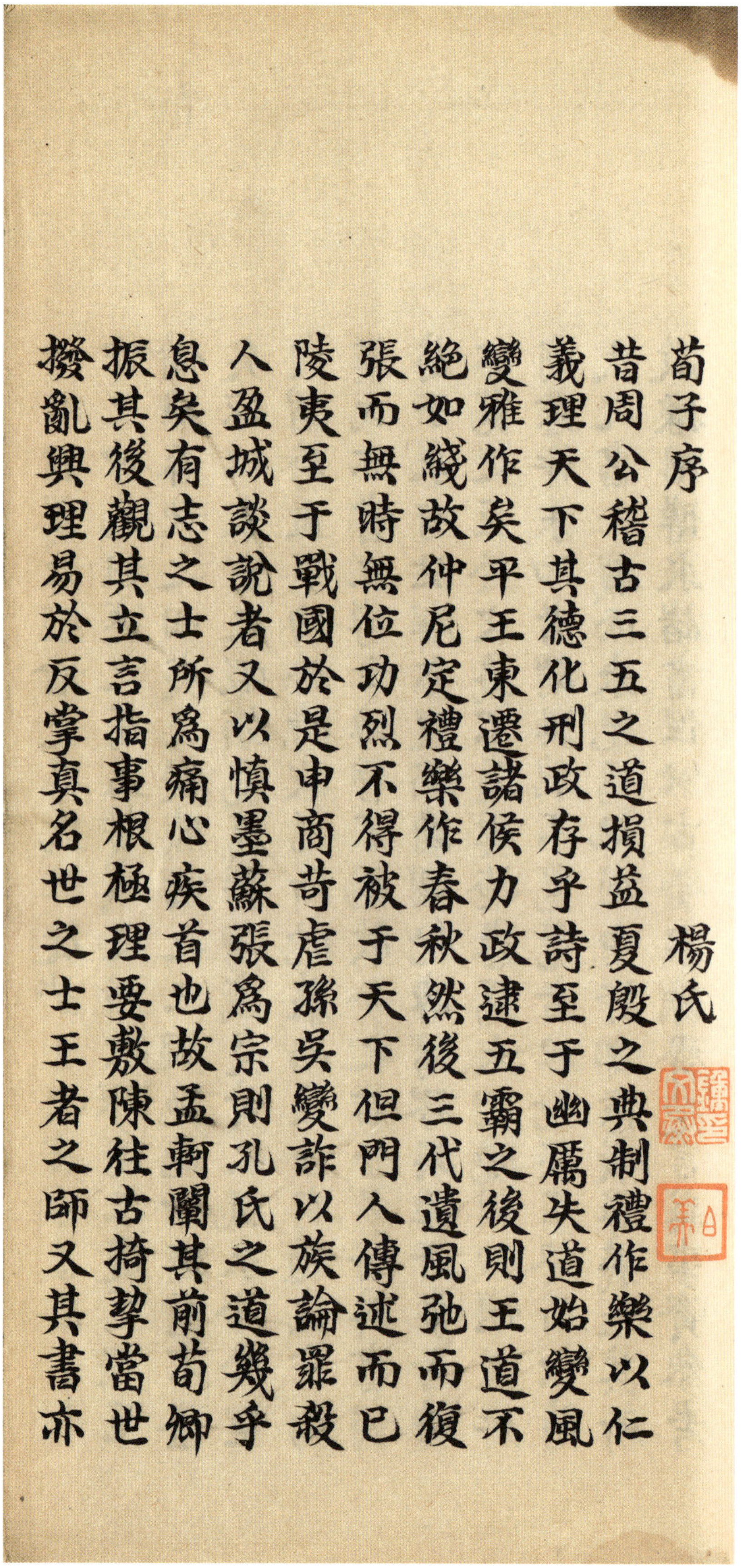
荀子序　楊氏
昔周公稽古三五之道損益夏殷之典制禮作樂以仁
義理天下其德化刑政存乎詩至于幽厲失道始變風
變雅作矣平王東遷諸侯力政逮五霸之後則王道不
絕如綫故仲尼定禮樂作春秋然後三代遺風弛而復
張而無時無位功烈不得被于天下但門人傳述而已
陵夷至于戰國於是申商苛虐孫吴變詐以族論罪殺
人盈城談說者又以慎墨蘇張為宗則孔氏之道幾乎
息矣有志之士所為痛心疾首也故孟軻闡其前荀卿
振其後觀其立言指事根極理要敷陳往古掎挈當世
撥亂興理易於反掌真名世之士王者之師又其書亦

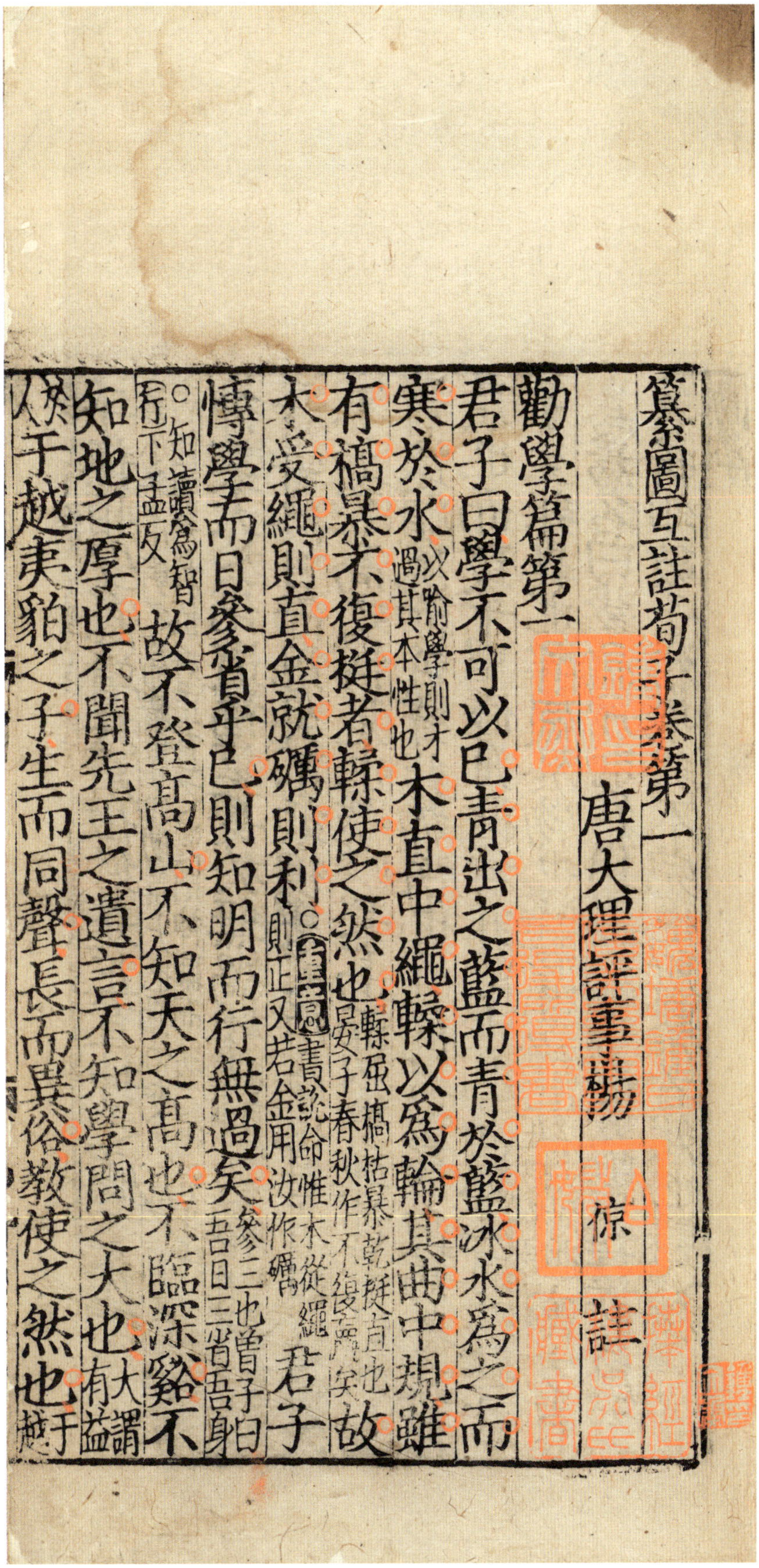

纂圖互註荀子卷第一

唐大理評事楊倞註

勸學篇第一

君子曰學不可以已青出之藍而青於藍冰水爲之而寒於水以喻學則才過其本性也木直中繩輮以爲輪其曲中規雖有槁暴不復挺者輮使之然也輮屈槁枯暴乾挺直也晏子春秋作不復贏矣故木受繩則直金就礪則利○重意書說命惟木從繩則正又若金用汝作礪君子博學而日參省乎已則知明而行無過矣參三也曾子曰吾日三省吾身○知讀爲智行下孟反故不登高山不知天之高也不臨深谿不知地之厚也不聞先王之遺言不知學問之大也大謂有益於人干越夷貉之子生而同聲長而異俗教使之然也干越

吕氏春秋二十六卷

題秦吕不韋撰，漢高誘注。此元至正間嘉興路總管劉貞得東牟王氏校本所刊，世稱元嘉禾學宫本，有明補版。六册。

是本半葉十行，行二十字，小字雙行同，左右雙邊，上下細黑口，雙魚尾。版框高22.3釐米，寬14.7釐米。版心上記大小字數，下記刻工名：青、楊言、謝、林茂、寸。明補版白口，上無大小字數，下無刻工。

吕不韋（前292—前235），姜姓，吕氏，名不韋，衛國濮陽人。戰國末年著名政治家、思想家，官至秦國丞相。《吕氏春秋》，又名《吕覽》，係吕不韋召集門客編纂而成，有八覽、六論、十二紀，共二十餘萬言，“兼儒墨，合名法”，故史稱“雜家”。高誘，涿郡涿縣人。東漢末年，受學於同縣大儒盧植。後任司空掾，東郡濮陽令，遷監河東。所著有《孟子章句》（今佚）、《孝經注》（今佚）、《戰國策注》（今殘）及《淮南子注》、《吕氏春秋注》等。

此本首爲遂昌鄭元祐序，次總目，後有鏡湖遺老記、高誘序。卷端首行題“吕氏春秋卷第一”，次行題“孟春紀第一本生重己貴公去私”，第三行題“吕氏春秋訓解高氏”。

鈐“劉承幹字貞一號翰怡”白文方印、“吴興劉氏嘉業堂藏書印”朱文方印、“吴興劉氏嘉業堂藏書記”朱文長方印。

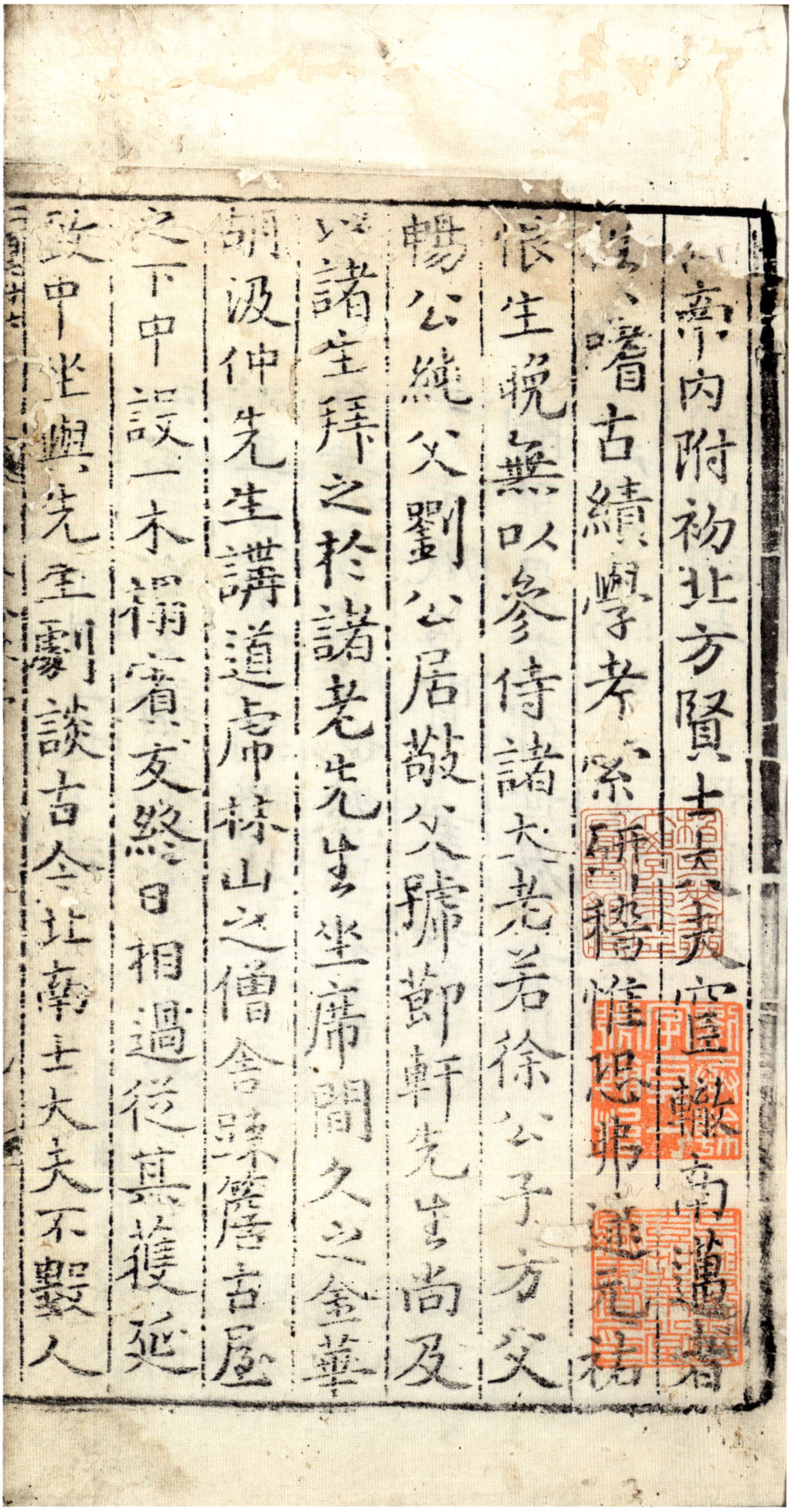
齋內附祔北方賢士大夫宦轍南寓者
之嗜古績學者余研精覃思追師遠造詣
恨生晚無以參侍諸大老若徐公子方父
暢公純父劉公居敬父號鄭軒先生尚及
以諸生拜之於諸老先生坐席間久之金華
胡汲仲先生講道虎林山之僧舍躡屩古屋
之下中設一木榻賓友終日相過從蓋獲延
致中坐與先生劇談古今北南士大夫不毀人

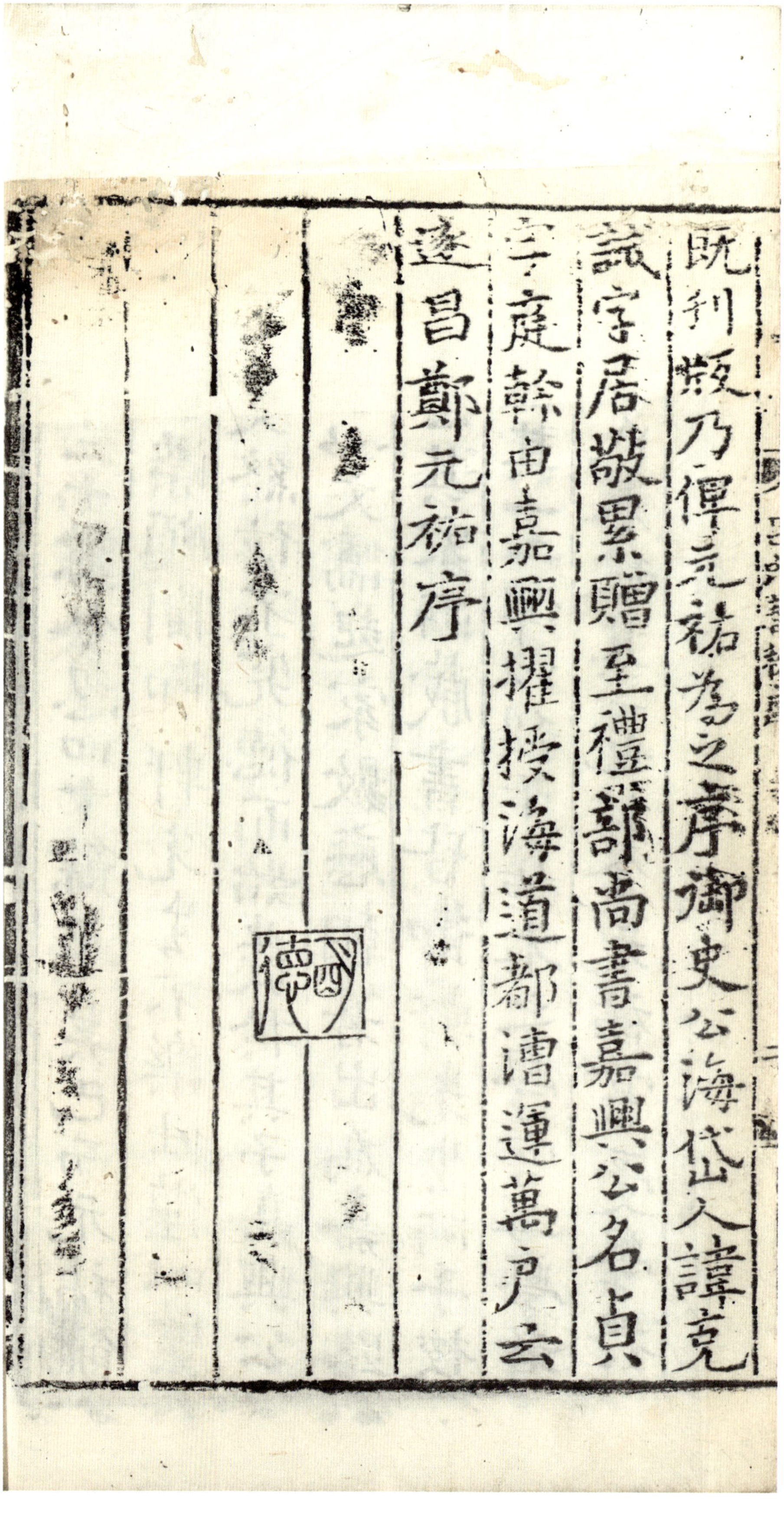
既刊版乃俾元祐爲之序御史公海岱人諱克
誠字居敬累贈至禮部尚書嘉興公名貞
字子庭幹由嘉興擢授海道都漕運萬户云
遂昌鄭元祐序

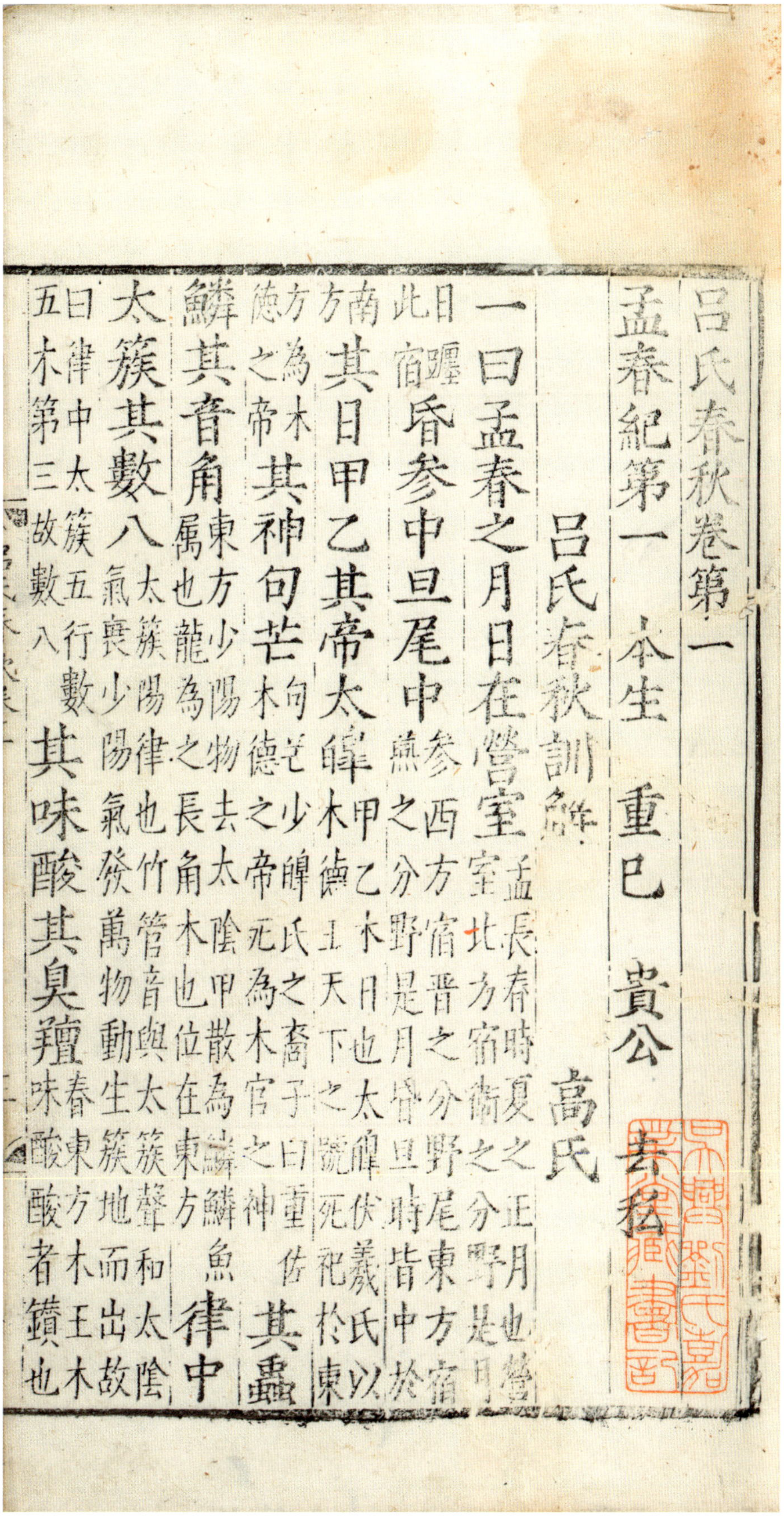

呂氏春秋卷第一

孟春紀第一　本生　重己　貴公　去私

呂氏春秋訓解　高氏

一曰孟春之月日在營室孟長春時夏之正月也營室北方宿衛之分野是月日躔此宿昏參中旦尾中參西方宿晉之分野尾東方宿燕之分野是月昏旦時皆中於南方其日甲乙甲乙木日也太皞伏羲氏以木德王天下之號死祀於東方為木德之帝其帝太皞句芒少皞氏之裔子曰重佐木德之帝死為木官之神其神句芒其蟲鱗其音角東方少陽物去太陰甲散為鱗鱗魚屬也龍為之長角木也位在東方律中太簇其數八太簇陽律也竹管音與太簇聲和太陰氣衰少陽氣發萬物動生簇地而出故曰律中太簇五行數五木第三故數八其味酸其臭羶春東方木王木味酸酸者鑽也

大寶積經一百二十卷存卷五十七

元至元十四年(1277)至二十七年(1290)杭州路南山大普寧寺刻大藏經本。經折裝,一册,有秩號“官”。

本卷每版五半葉,半葉六行,行十七字。版框高23.7釐米,寬11.2釐米。卷首題經名“大寶積經卷第五十七”,尾題同。次行題“大唐三藏義净譯”。版心刊版片號,有刻工:盛。

本卷爲義净譯《大寶積經》卷第五十七佛説入胎藏會第十四之二。義净(635—713),俗姓張,字文明,唐代高僧,中國佛教四大譯經家之一,譯述遍及三藏,尤其重視律部。義净七歲出家,二十一歲受具足戒。唐高宗咸亨二年(671),開始遊歷室利佛逝、末羅瑜(後改隸室利佛逝)、羯荼、東印耽摩梨底等三十餘國,留學那爛陀寺十一載,求得梵本三藏近四百部,合五十餘萬頌。武周垂拱、永昌、天授年間,居留室利佛逝等,從事譯經并撰寫《南海寄歸傳》。證聖元年(695)歸抵洛陽,住佛授記寺,與于闐實叉難陀、大福先寺寺主復禮、西崇福寺寺主法藏等共譯《華嚴經》。久視元年(700),組織譯場,自主譯事。到睿宗景雲二年(711)止,譯抄經典及撰述共六十一部,二百三十九卷。玄宗先天二年(713)正月,卒於長安大薦福寺翻經院,享年七十九。

《大寶積經》,簡稱《寶積經》,一百二十卷,唐菩提流志翻譯并集録諸經編纂而成,爲五大部之一。中國歷代大藏經及經録收録。内容主要是叙説菩薩修行法及授記成佛等。寶積,爲“積集法寶”之意。因其爲大乘深妙之法,故稱爲“寶”;聚集無量法門,故稱爲“積”。全經是新舊譯之合編本,計收四十九會。其中,魏晋南北朝隋唐諸譯經家以不同經名陸續譯出二十三會八十卷餘,稱爲“舊譯”,菩提流志新譯出二十六會三十九卷半,稱爲“新譯”。其中卷五十六、卷五十七爲義净所譯。

卷首鈐“一切經南都善光院”朱文長方印。

大寶積經卷第五十七
官
BQ
1753
C6
D3
1279
EAST

大寶積經卷第五十七　官

大唐三藏義淨譯

佛說入胎藏會第十四之二

尒時世尊復告難陀汝今既知胎苦生苦應
識凡受胎生者是極苦惱初生之時或男或
女墮人手內或在衣等安在日中或在陰處
或置搖車或居牀席懷拘之內由是因緣皆

盛

受酸辛楚毒極苦難陀如牛剝皮近牆而住
被牆虫所食若近樹草樹草虫食若居空處
諸虫唼食皆受苦惱初生亦尒以煗水洗受
大苦惱如癩病人皮膚潰爛膿血橫流加之
杖捶極受楚切生身之後飲母血垢而得長

大般若波羅蜜多經六百卷存卷五、二十一、一百九、一百一十四、一百八十七

宋政和五年（1115）福州開元寺刻元至正年間補刻毗盧藏本。有抄補。經折裝，五册，均爲每版六半葉，半葉六行，行十七字。存五卷：卷五（天字號）、二十一（玄字號）、一百九（盈字號）、一百一十四（昃字號）、一百八十七（暑字號）。卷端題“三藏法師玄奘奉詔譯”。版心刊版片號。天頭有日本寺院收藏題記：“永明三塔頭公用也”或“永明三塔頭公物也”。

《大般若波羅蜜多經》，簡稱《大般若經》，六百卷，唐釋玄奘譯。玄奘考訂印度三種梵本，歷時四年，譯出此經。經爲佛在四處講經，總十六會，六百卷，宣講諸法皆空之義，乃大乘佛教的基礎理論，認爲大乘般若無二，諸法“性空幻有”。中國歷代大藏經及經録收録。

玄奘（602—664），俗姓陳，名褘，河南洛州緱氏（今河南偃師）人。唐代高僧，創立法相宗。貞觀三年（629）始西行，往天竺求法，歷時十七年，帶回大量梵筴佛典并加以翻譯，譯出經論七十五部，總計一千三百三十五卷，如《大般若經》、《心經》、《解深密經》、《瑜伽師地論》等，稱三藏法師。玄奘口述、弟子辯機筆録的《大唐西域記》，是研究西域、中亞、南亞地區古代史、宗教史、中外關係史的重要文獻。

卷五爲初分相應品第三之二。卷首有刊經願文：“福寧州資壽寺住持比丘介壽爲福州開元刊補藏經，化到諸山并善信共一百餘板，恭爲今上皇帝祝延聖壽，文武官僚同資禄位，捨財施主福利咸增。時至正五年乙酉歲開元寺住持比丘惠有謹題。”首尾題經名：“大般若波羅蜜多經卷第五。”卷内有刻工：振、宜。行間刊助緣題記：“福寧州建福住持比丘如鉞奉二板報資恩有者”、“泉州開元寺僧惟湮捨”、“住山文迪捨”、“清净士女高妙因助式片普報恩有者”、“閩縣嘉崇里林佛生捨”、“長邑龍西境程妙静助捨”、“比丘智果報資恩有者”。

卷二十一爲初分教誡教授品第七之十一。卷端刊願文：“福州衆緣寄開元寺雕經都會蔡俊臣、陳詢、陳靖、劉漸與證會住持沙門本明，恭爲今上皇帝祝延聖壽，文武官僚同資禄位，雕造《毗盧大藏經》印板一副計五百

餘函，時政和乙未歲三月日勸緣沙門行崇謹題。”題記中“本明恭爲”四字漫漶不清，據日本知恩院藏本補録。首題經名：“大般若波羅蜜多經卷第二十一”，卷尾同題，惟“蜜”作“密”。有刻工：一枝、□（模糊）、丁宥。行間有助緣題記：“泉州開元寺比丘祖傳捨一板”、“前住吉州合龍比丘爲考妣生界”、“泉州陵岩寺比丘尼法珠捨一板”、“日本國天龍寺僧至本捨”、“日本國比丘净剎捨”、“楊郁爲父母捨”、“浮居唐妙善助”、“泉州陵岩寺比丘尼道椿捨一板”。卷末書：“至德元年甲子十二月十三日□之。”

卷一百九爲初分校量功德品第三十之七，卷端無發願題記。首尾題經名：“大般若波羅蜜多經卷第一百九。”行間有助緣題記：“懷安縣恭順里胡源中境何天德捨一板冀丹心願報資恩有”、“前住東山文殊寺崇琉捨”、“古田縣善德院住持僧洞覺報資恩有捨”等等。有刻工姓名：周正、浚、景、原、原刀。

卷一百一十四爲初分校量功德品第三十之十二，卷端刊發願題記：“福州開元寺住持竺松同東禪寺沙門祖意募諸緣補完大藏經板，恭祝今上皇帝聖壽萬安，文武官僚同資禄位，捨財施主同成正覺。《毗盧大藏經》印板一副，計五百餘函。時至正丙戌年化緣苾蒭慧鑚謹題。”首尾題經名：“大般若波羅蜜多經卷第一百一十四。”有刻工名：葛□、禮、葉先。行間有助緣題記：“周福祐捨”、“佛弟子方七娘捨二板”等。

卷一百八十七爲初分難信解品第三十四之六，卷端刊發願題記：“前住東禪寺勸緣沙門祖意同隆興寺住持沙門心照爲開元寺刊補經板，恭爲今上皇帝祝延聖壽，文武官僚同資禄位，雕造十方施主福慧二嚴《毗盧大藏經》印板一副，計五百餘函，時至正丙戌歲十月日都會吕智衡謹題。”首尾題經名：“大般若波羅蜜多經卷第一百八十七。”有刻工名：暘、國、開、兵、陳、迫。行間有助緣題記：“閩縣積善里信士吕挺捨伏願身心安樂福慧者”、“沙縣興義坊信女邵氏真祐捨一板祈保平安”等。

本件保存的毗盧藏元代補刊助緣題記和發願文，對研究毗盧藏及崇寧藏歷史，俱有重要意義。

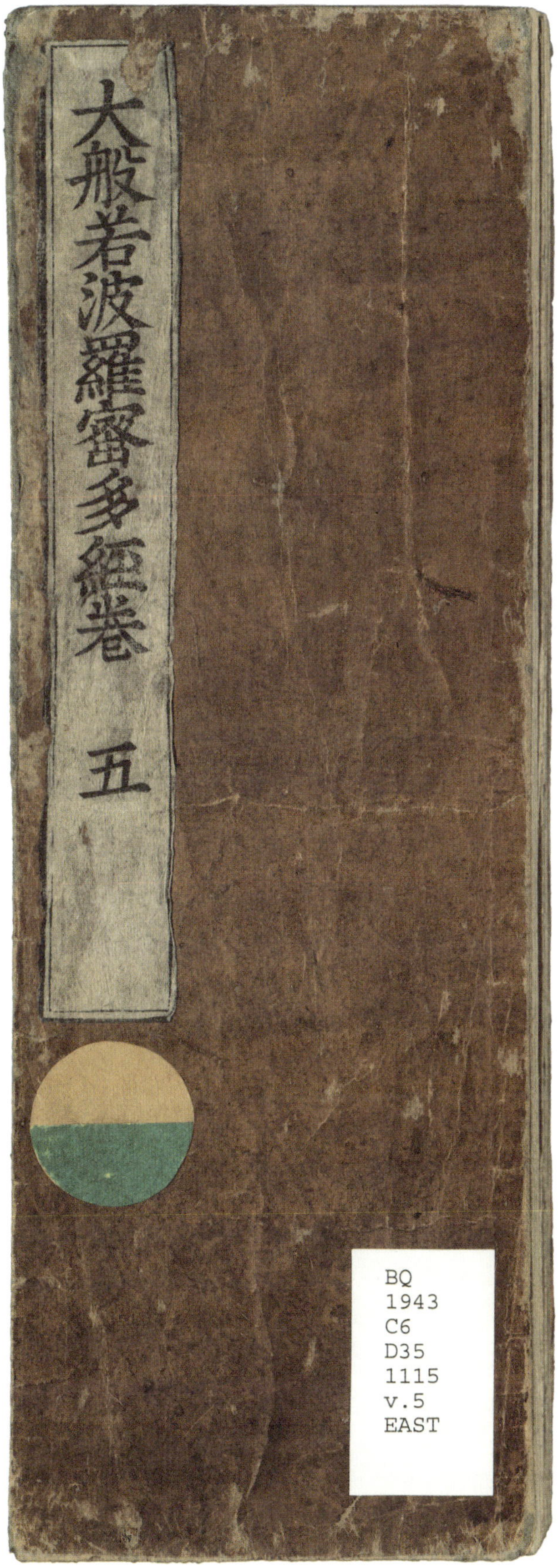
大般若波羅蜜多經卷 五
BQ
1943
C6
D35
1115
v.5
EAST

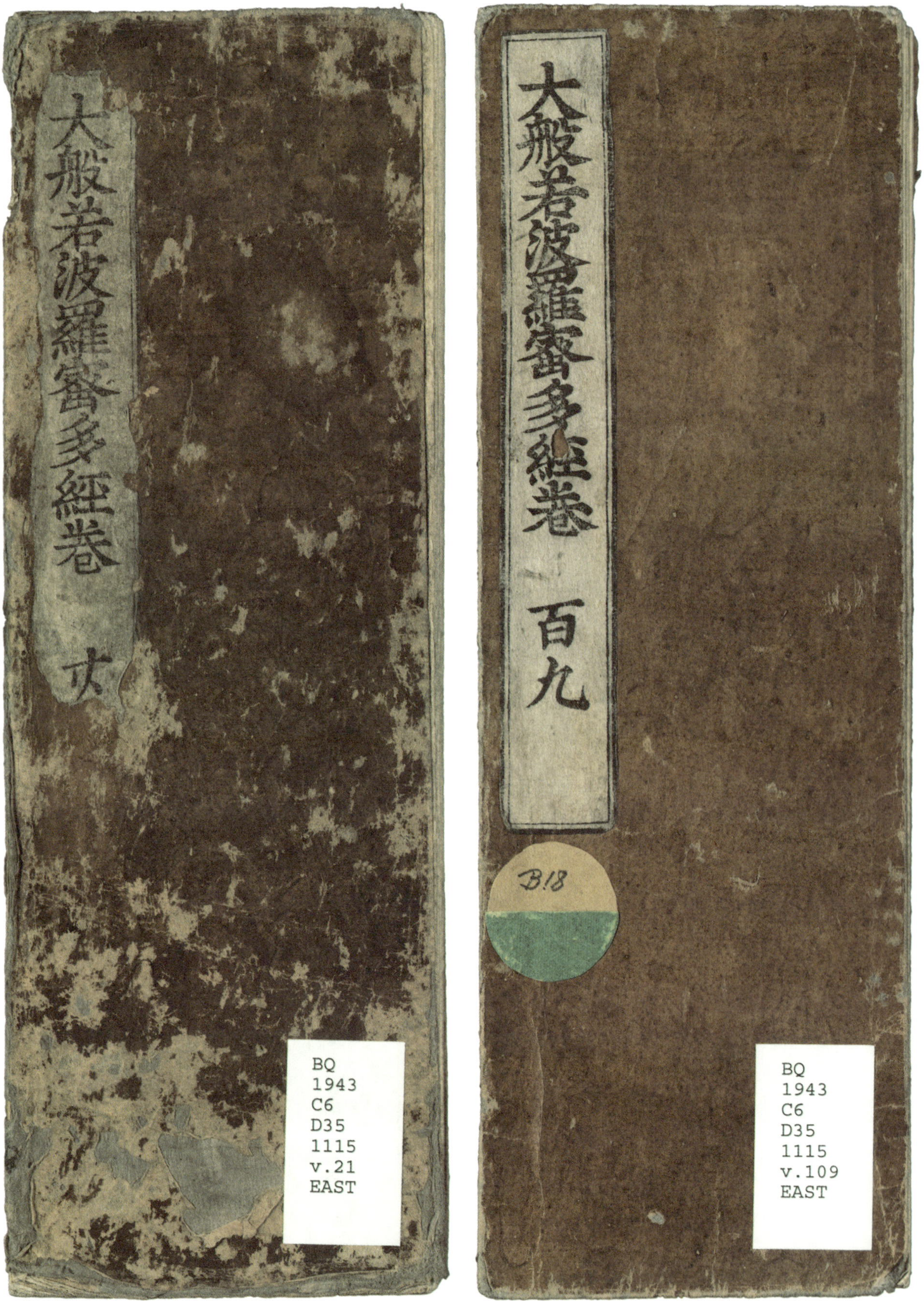
大般若波羅蜜多經卷
BQ
1943
C6
D35
1115
v.21
EAST
大般若波羅蜜多經卷
百九
B18
BQ
1943
C6
D35
1115
v.109
EAST

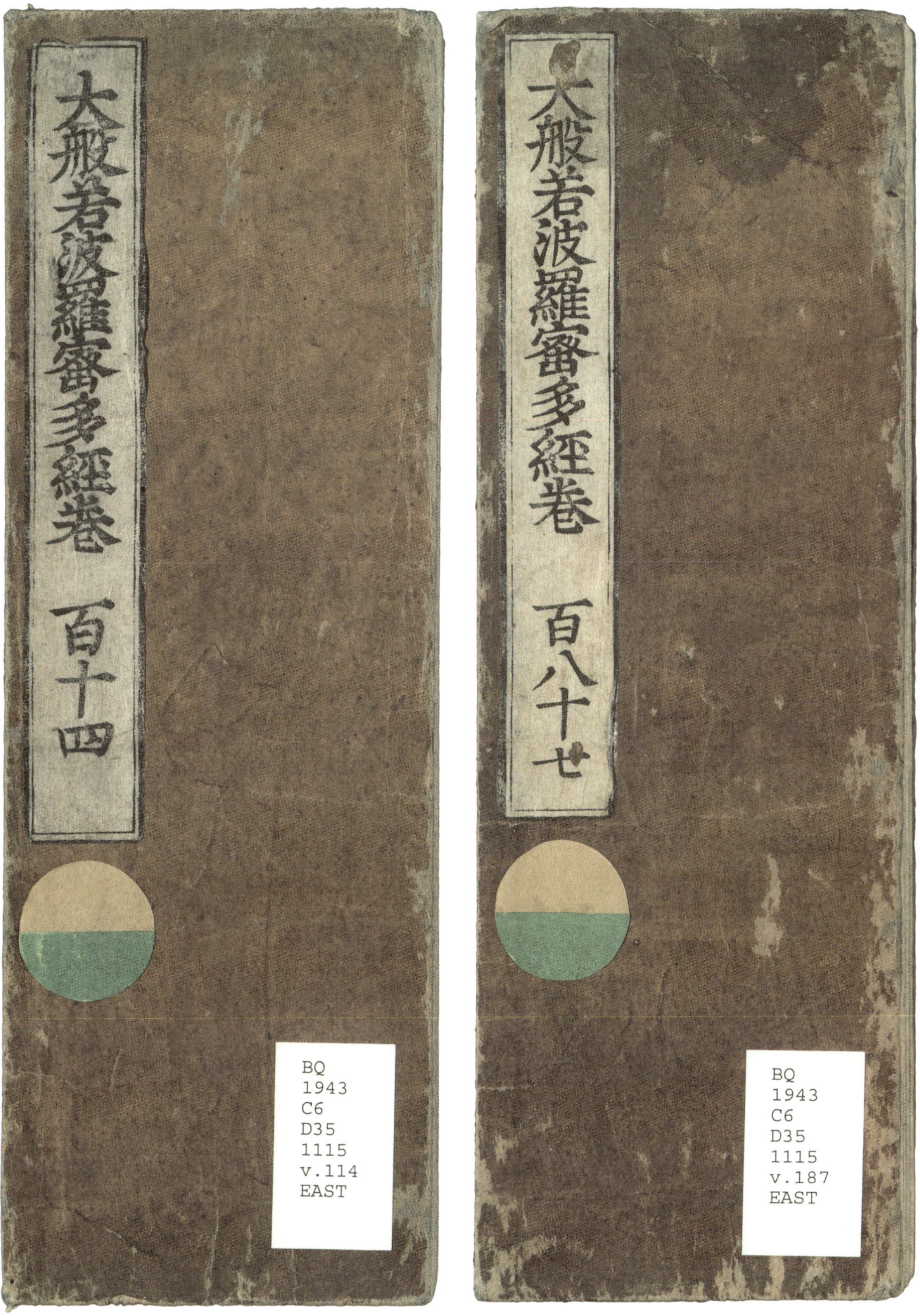
大般若波羅蜜多經卷 百十四
BQ
1943
C6
D35
1115
v.114
EAST
大般若波羅蜜多經卷 百八十七
BQ
1943
C6
D35
1115
v.187
EAST

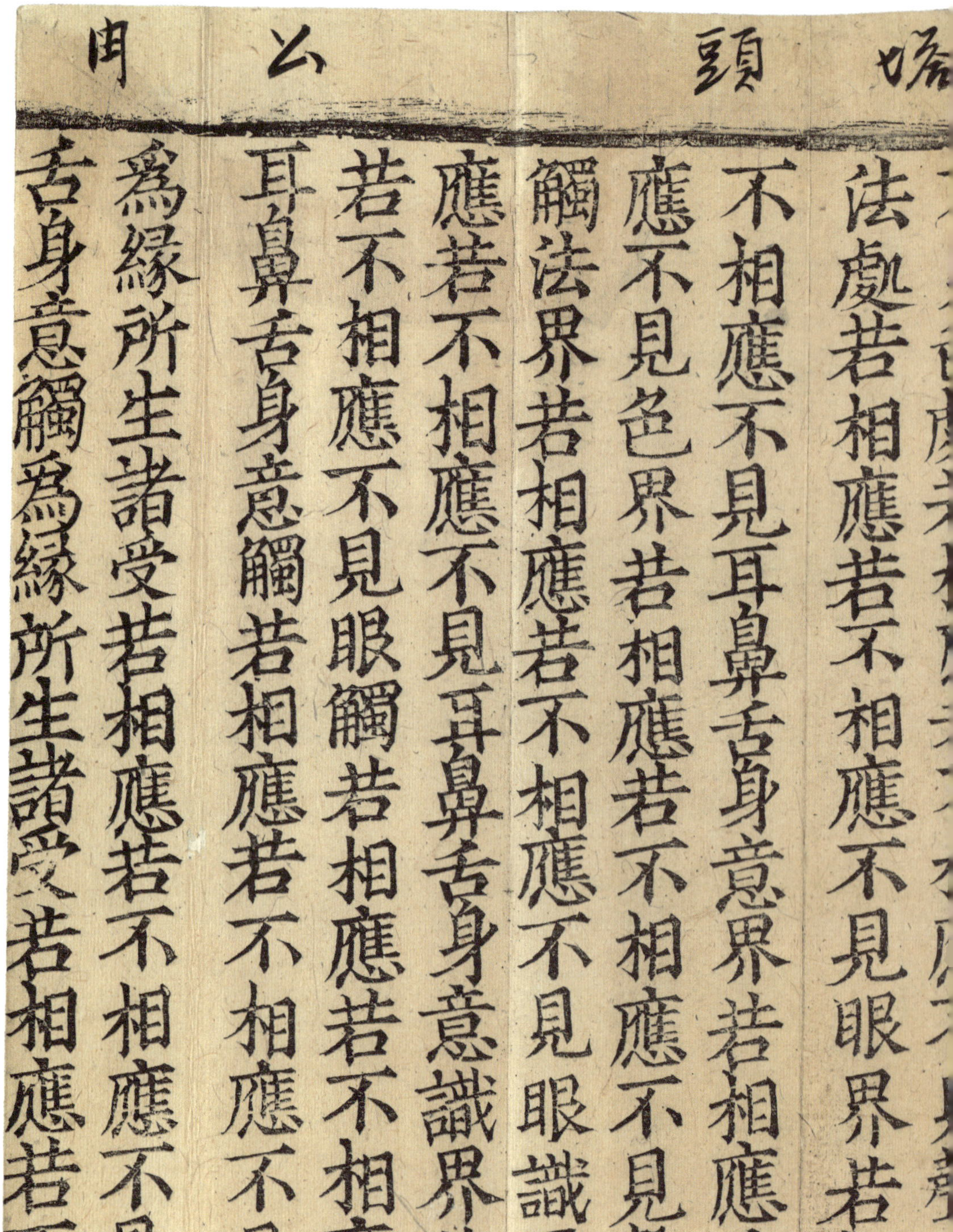
法處若相應若不相應不見眼界若相應若
不相應不見耳鼻舌身意界若相應若不相
應不見色界若相應若不相應不見聲香味
觸法界若相應若不相應不見眼識界若相
應若不相應不見耳鼻舌身意識界若相應
若不相應不見眼觸若相應若不相應不見
耳鼻舌身意觸若相應若不相應不見眼觸
爲緣所生諸受若相應若不相應不見耳鼻
舌身意觸爲緣所生諸受若相應若不相應

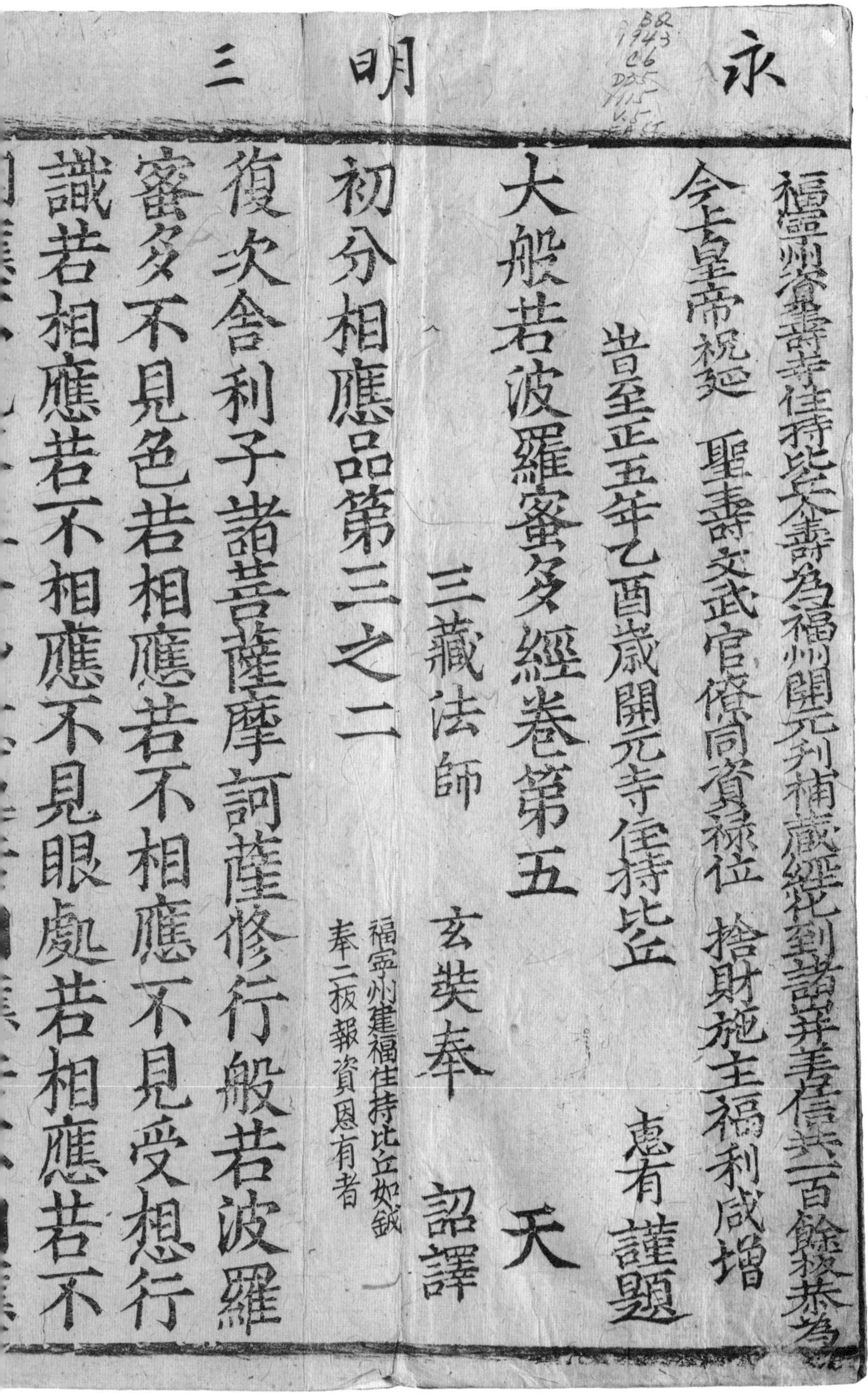

永 明 三

福寧州資壽寺住持比丘大壽為福州開元刊補藏經板到諸并善信共二百餘板恭為

今上皇帝祝延　聖壽文武官僚同資祿位　捨財施主福利咸增　惠有謹題

皆至正五年乙酉歲開元寺住持比丘

大般若波羅蜜多經卷第五　天

三藏法師　玄奘奉　詔譯

初分相應品第三之二　福寧州建福住持比丘如鉞奉二板報資恩有者

復次舍利子諸菩薩摩訶薩修行般若波羅蜜多不見色若相應若不相應不見受想行識若相應若不相應不見眼處若相應若不

三

處常增語是菩薩摩訶薩不不也世尊即八
解脫無常增語是菩薩摩訶薩不不也世尊
即八勝處九次第定十遍處無常增語是菩
薩摩訶薩不不也世尊即八解脫樂增語是
菩薩摩訶薩不不也世尊即八勝處九次第
定十遍處樂增語是菩薩摩訶薩不不也世
尊即八解脫苦增語是菩薩摩訶薩不不也
世尊即八勝處九次第定十遍處苦增語是
菩薩摩訶薩不不也世尊即八解脫我增語

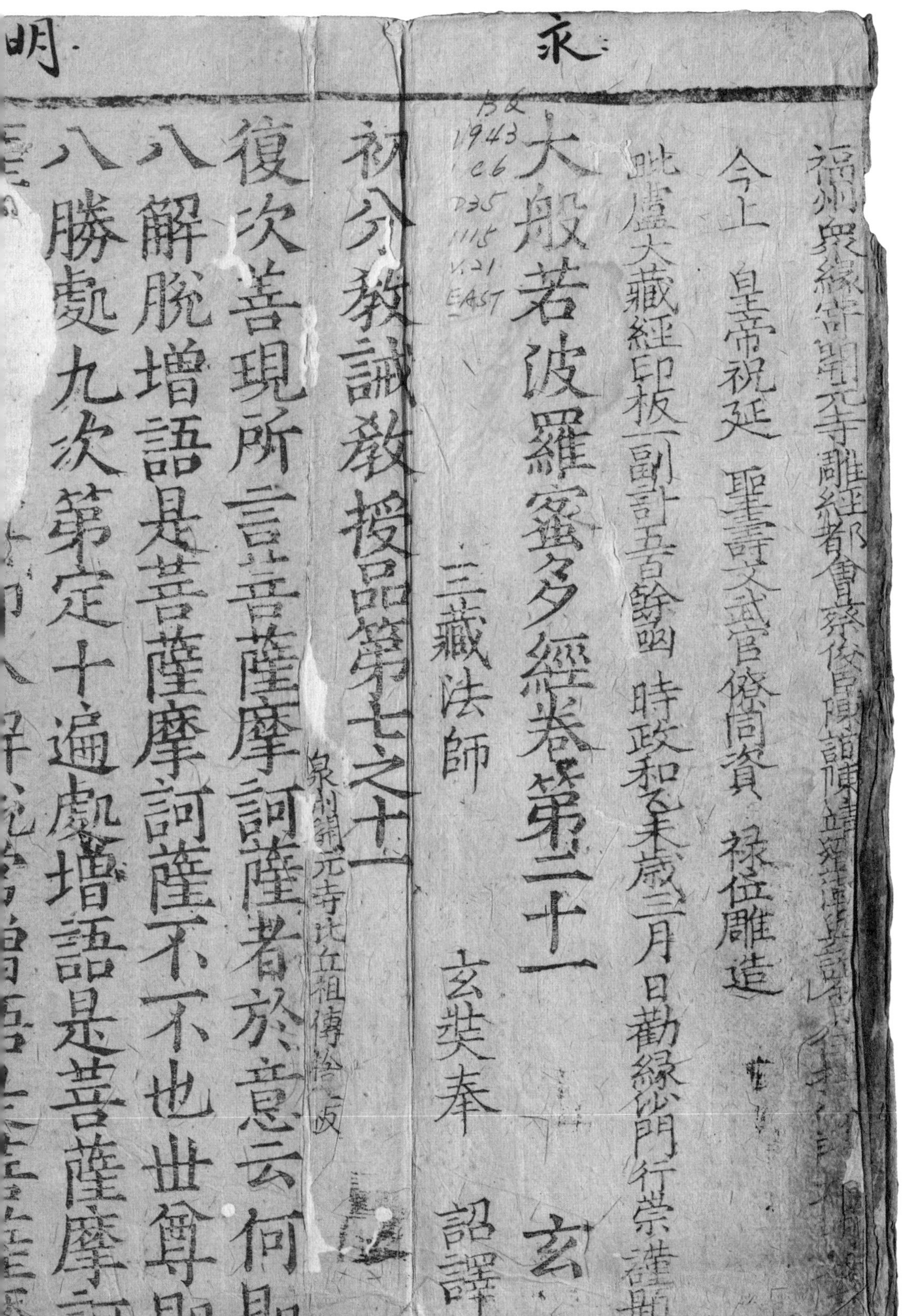
永
福州衆緣寄開元寺雕經都會蔡俊臣陳詢陳靖[illegible]
今上 皇帝祝延 聖壽文武官僚同資 祿位雕造
毗盧大藏經印板一副計五百餘函 時政和乙未歲三月日勸緣沙門行崇謹題

大般若波羅蜜多經卷第二十一 玄
三藏法師 玄奘奉 詔譯
初分教誡教授品第七之十一
泉州開元寺比丘祖傳捨一版
復次善現所言菩薩摩訶薩者於意云何即
八解脫增語是菩薩摩訶薩不不也世尊即
八勝處九次第定十遍處增語是菩薩摩訶
明

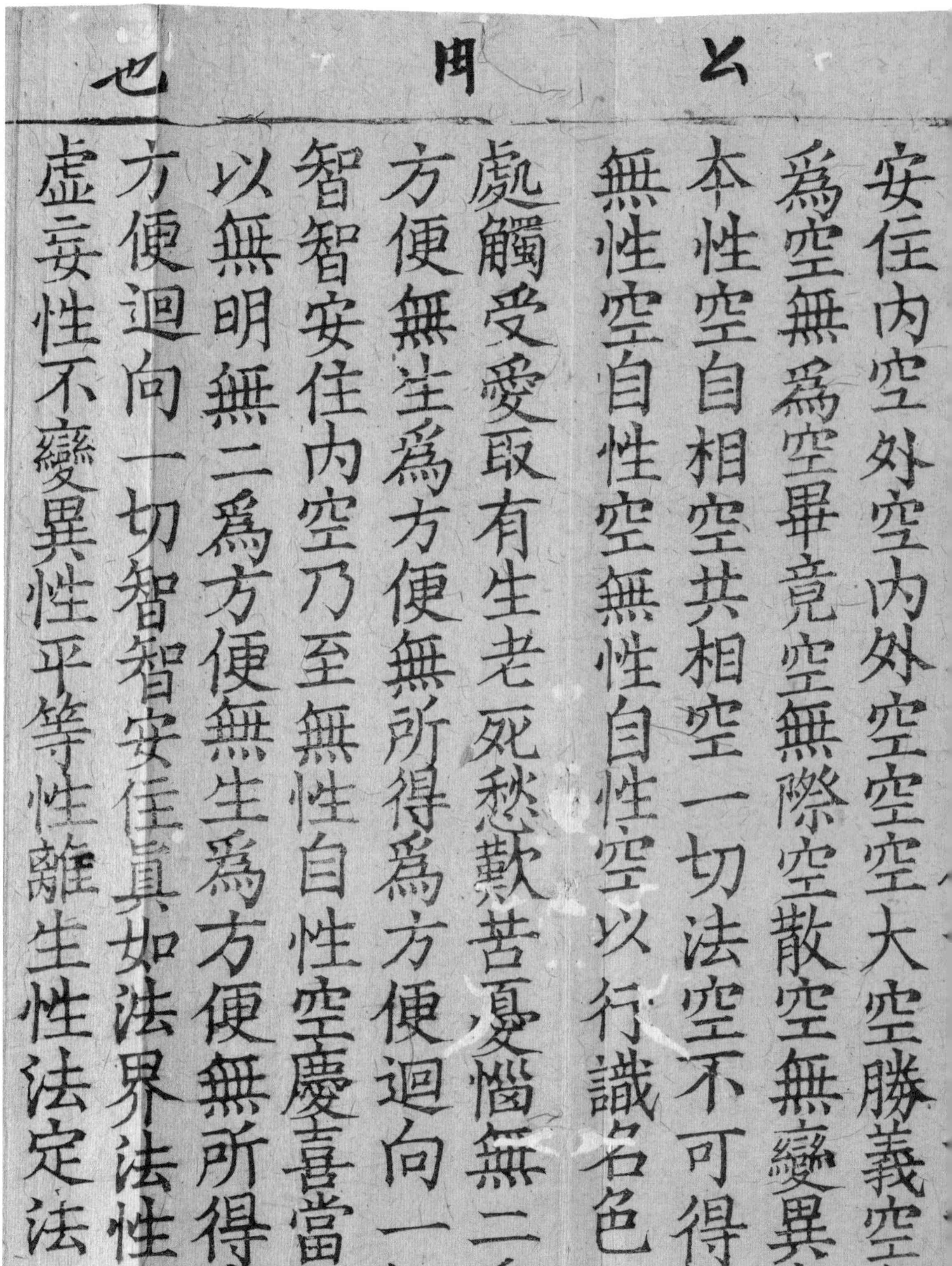
安住内空外空内外空空空大空勝義空有
爲空無爲空畢竟空無際空散空無變異空
本性空自相空共相空一切法空不可得空
無性空自性空無性自性空以行識名色六
處觸受愛取有生老死愁歎苦憂惱無二爲
方便無生爲方便無所得爲方便迴向一切
智智安住内空乃至無性自性空慶喜當知
以無明無二爲方便無生爲方便無所得爲
方便迴向一切智智安住眞如法界法性不
虛妄性不變異性平等性離生性法定法住

明 三 塔

大般若波羅蜜多經卷第一百九 盈

三藏法師 玄奘 奉 詔譯

初分校量功德品第三十之七

懷安縣恭順里胡源堂境何天德捨一板莫弃心愿报資恩

慶喜當知以無明無二爲方便無生爲方便無所得爲方便迴向一切智智修習布施淨戒安忍精進靜慮般若波羅蜜多以行識名色六處觸受愛取有生老死愁歎苦憂惱無二爲方便無生爲方便無所得爲方便迴向一切智智修習布施淨戒安忍精進靜慮般若波羅蜜多慶喜當知以無明無二爲方便

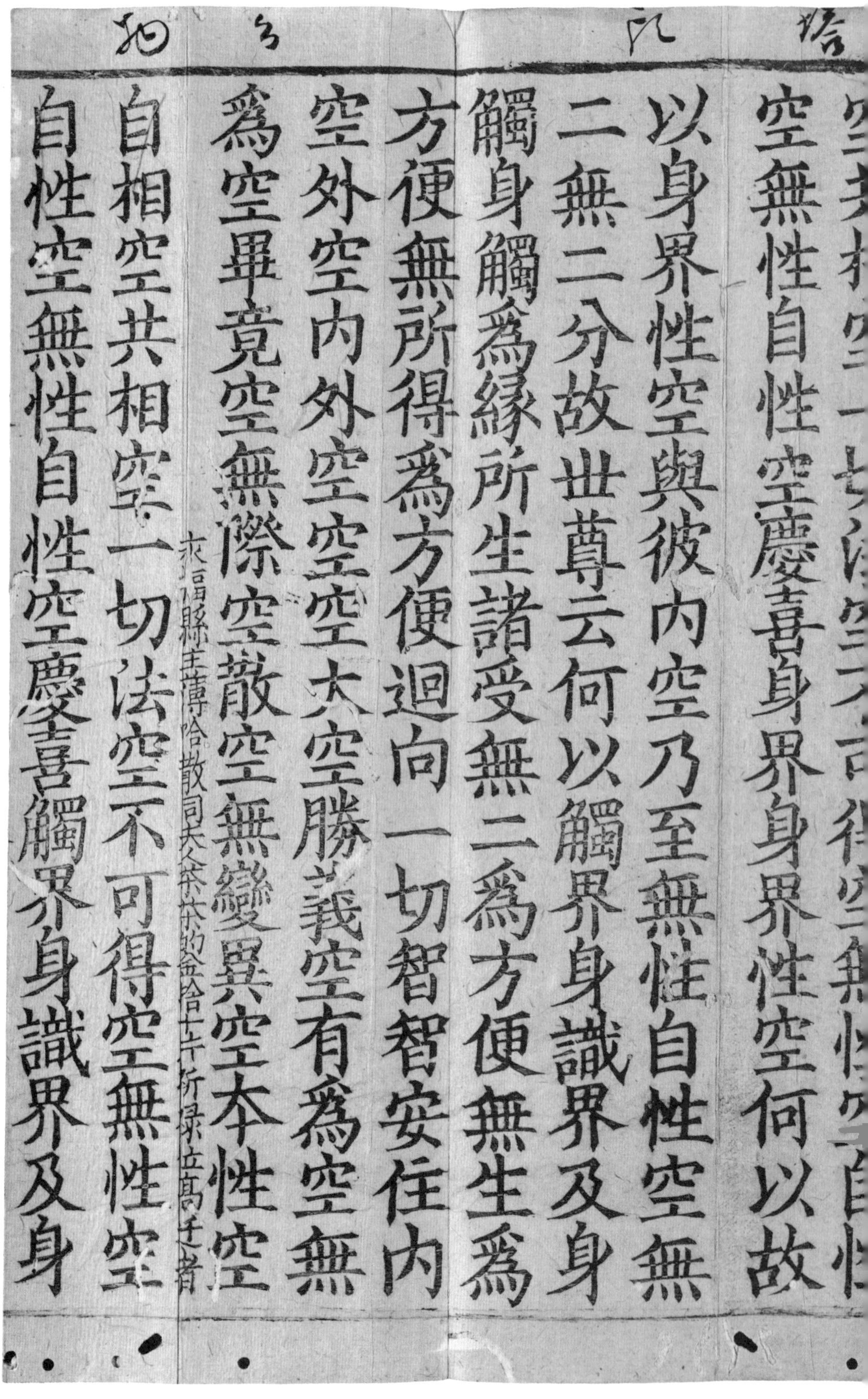
空無性自性空慶喜身界身界性空何以故
以身界性空與彼內空乃至無性自性空無
二無二分故世尊云何以觸界身識界及身
觸身觸爲緣所生諸受無二爲方便無生爲
方便無所得爲方便迴向一切智智安住內
空外空內外空空空大空勝義空有爲空無
爲空畢竟空無際空散空無變異空本性空
永昌縣主簿哈散同夫人忝忝的舍給十千祈祿立萬壬者
自相空共相空一切法空不可得空無性空
自性空無性自性空慶喜觸界身識界及身

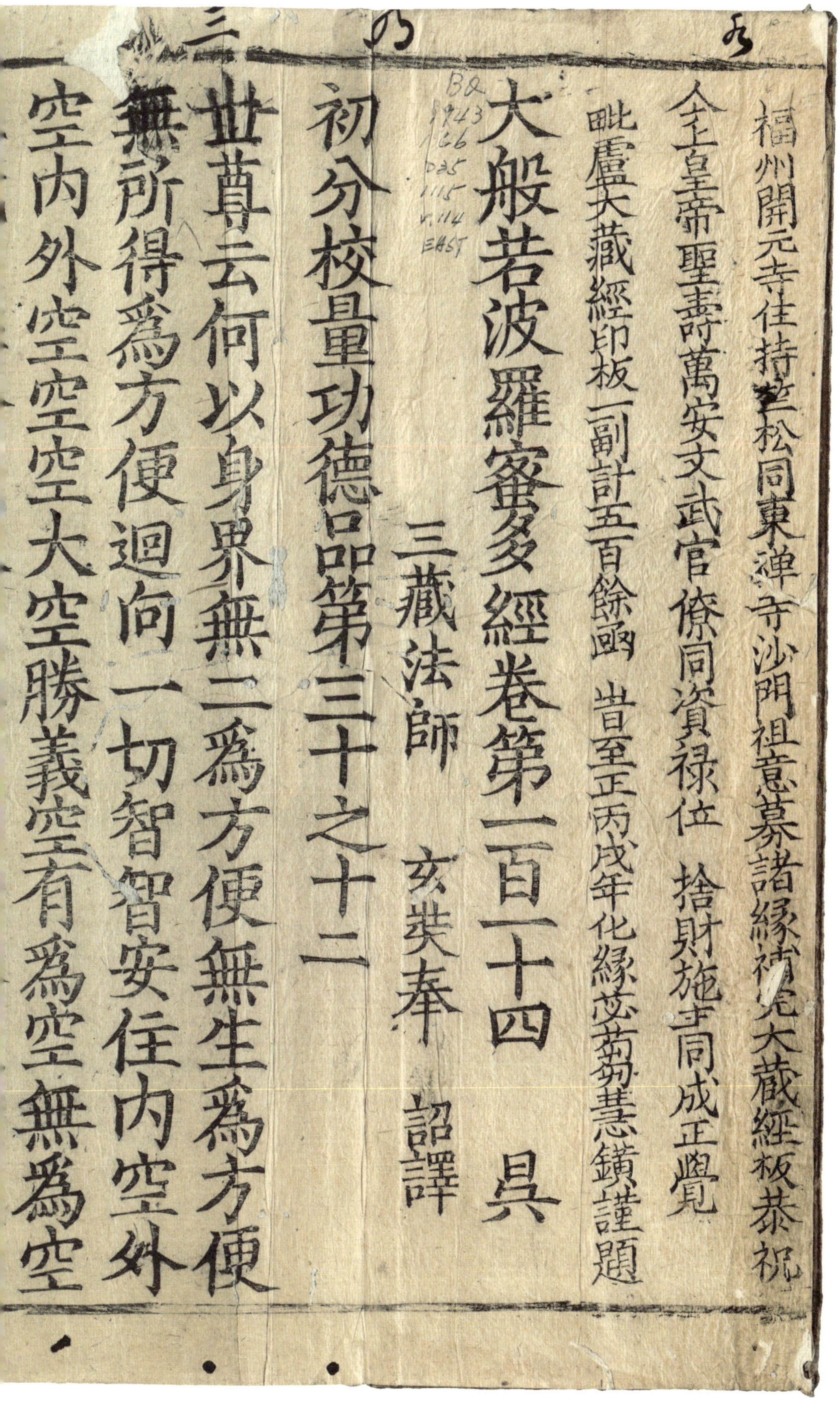
福州開元寺住持[illegible]松同東禪寺沙門祖意募諸緣補完大藏經板恭祝
今上皇帝聖壽萬安文武官僚同資祿位　捨財施主同成正覺
毗盧大藏經印板一副計五百餘函　旹至正丙戌年化緣苾蒭慧鎮謹題
大般若波羅蜜多經卷第一百一十四　員
三藏法師　玄奘奉　詔譯
初分校量功德品第三十之十二
世尊云何以身界無二為方便無生為方便
無所得為方便迴向一切智智安住內空外
空內外空空空大空勝義空有為空無為空

性空清淨外空乃至無性自性空清淨即我
清淨何以故是我清淨與外空乃至無性自
性空清淨無二無二分無別無斷故有情清
淨即内空清淨内空清淨即有情清淨何以
故是有情清淨與内空清淨無二無二分無
別無斷故有情清淨即外空内外空空空大
空勝義空有爲空無爲空畢竟空無際空散
空無變異空本性空自相空共相空一切法
空不可得空無性空自性空無性自性空清
淨外空乃至無性自性空清淨即有情清淨

水 乃 三

前任東禪寺勸緣沙門祖意同隆興寺住持沙門心照爲開元寺刋補經板恭爲

今上 皇帝祝延 聖壽文武官僚同資 祿位雕造十方施主福慧二嚴

毗盧大藏經印板一副計五百餘函 時至正丙戌歲十月日都會呂 智衡 謹題

大般若波羅蜜多經卷第一百八十七 暑

三藏法師 玄奘奉 詔譯

初分難信解品第三十四之六

閩縣積善里信士呂 挺捨伏愿身心安樂福慧者

復次善現我清淨即內空清淨內空清淨即

我清淨何以故是我清淨與內空清淨無二

無二分無別無斷故我清淨即外空內外空

空空大空勝義空有爲空無爲空畢竟空無

大般若波羅蜜多經六百卷存卷二百四十五

宋元豐三年(1080)至崇寧二年(1103)福州東禪等覺院刻紹興三十二年(1162)印崇寧萬壽大藏經本。經折裝,一册,有秩號“閏”。

本卷首未見刊經發願文。首題略殘,存“大般若波羅蜜多□卷第二□□□□”。尾題:“大般若波羅蜜多經卷第二百四十五。”首題次行題:“三藏法師玄奘奉詔譯。”本卷每版六半葉,半葉六行,行十七字。版框高24.5釐米。版心刊版片號,有刻工名:王同、溢、賜、保。卷末有長方墨戳“王興印造”。

本卷爲唐釋玄奘譯《大般若經》卷第二百四十五,初分難信解品第三十四之六十四。中國歷代大藏經及經録收録。

卷末有戳印供養題記:“明州奉化縣忠義鄉瑞雲山參政太師王公祠堂大藏經,永充四衆看轉莊嚴報地。紹興壬午五月朔男左朝請郎福建路安撫司參議官賜緋魚袋王伯序題,勸緣住持清凉禪院傳法賜紫慧海大師清憲。”

卷首有橢圓朱印“中谷”。

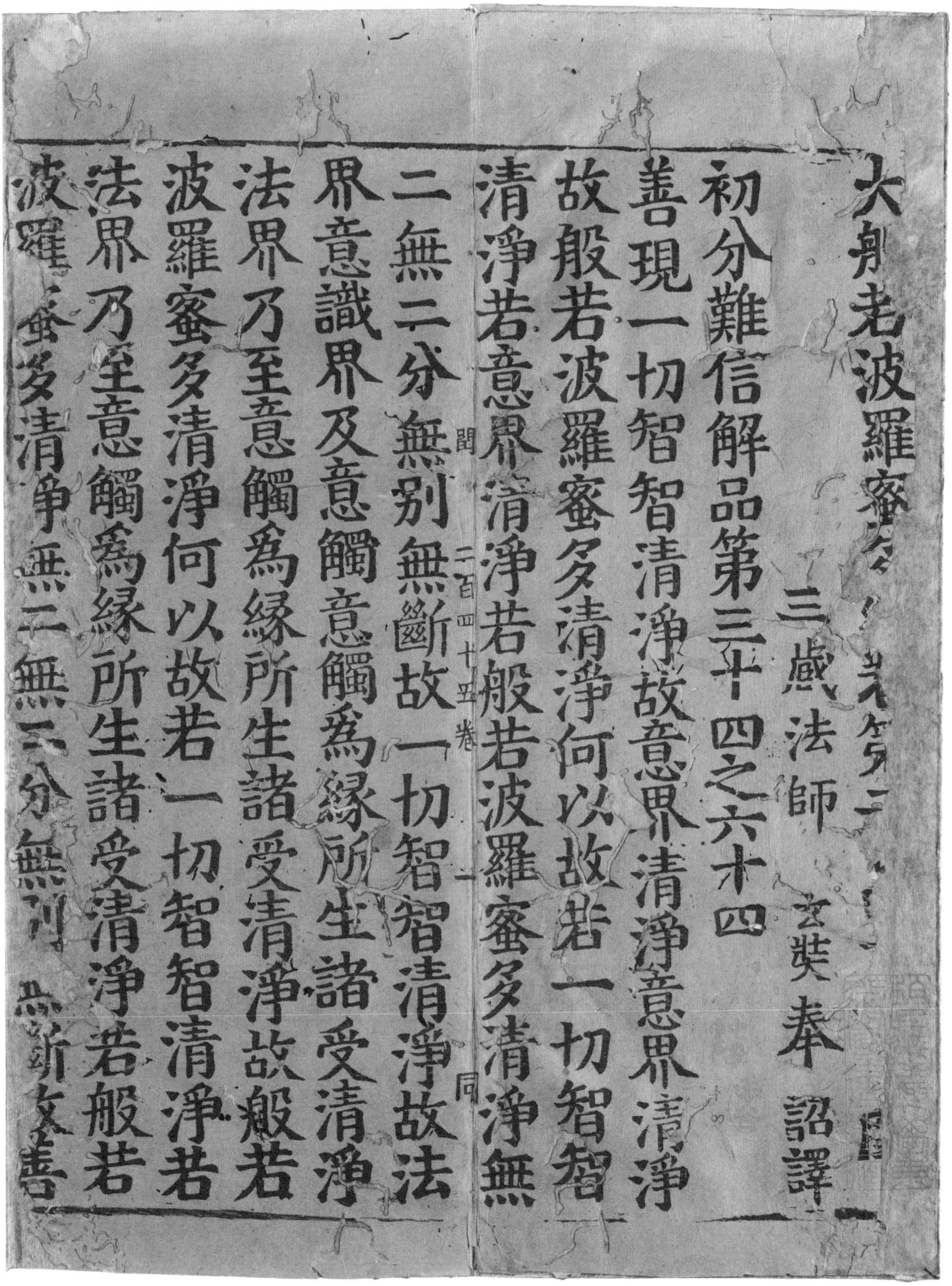

大般若波羅蜜多經卷第二百四十五

三藏法師玄奘奉 詔譯

初分難信解品第三十四之六十四

善現一切智智清淨故意界清淨意界清淨故般若波羅蜜多清淨何以故若一切智智清淨若意界清淨若般若波羅蜜多清淨無二無二分無別無斷故一切智智清淨故法界意識界及意觸意觸為緣所生諸受清淨法界乃至意觸為緣所生諸受清淨故般若波羅蜜多清淨何以故若一切智智清淨若法界乃至意觸為緣所生諸受清淨若般若波羅蜜多清淨無二無二分無別無斷故善

聞 二百四十五卷 二 同

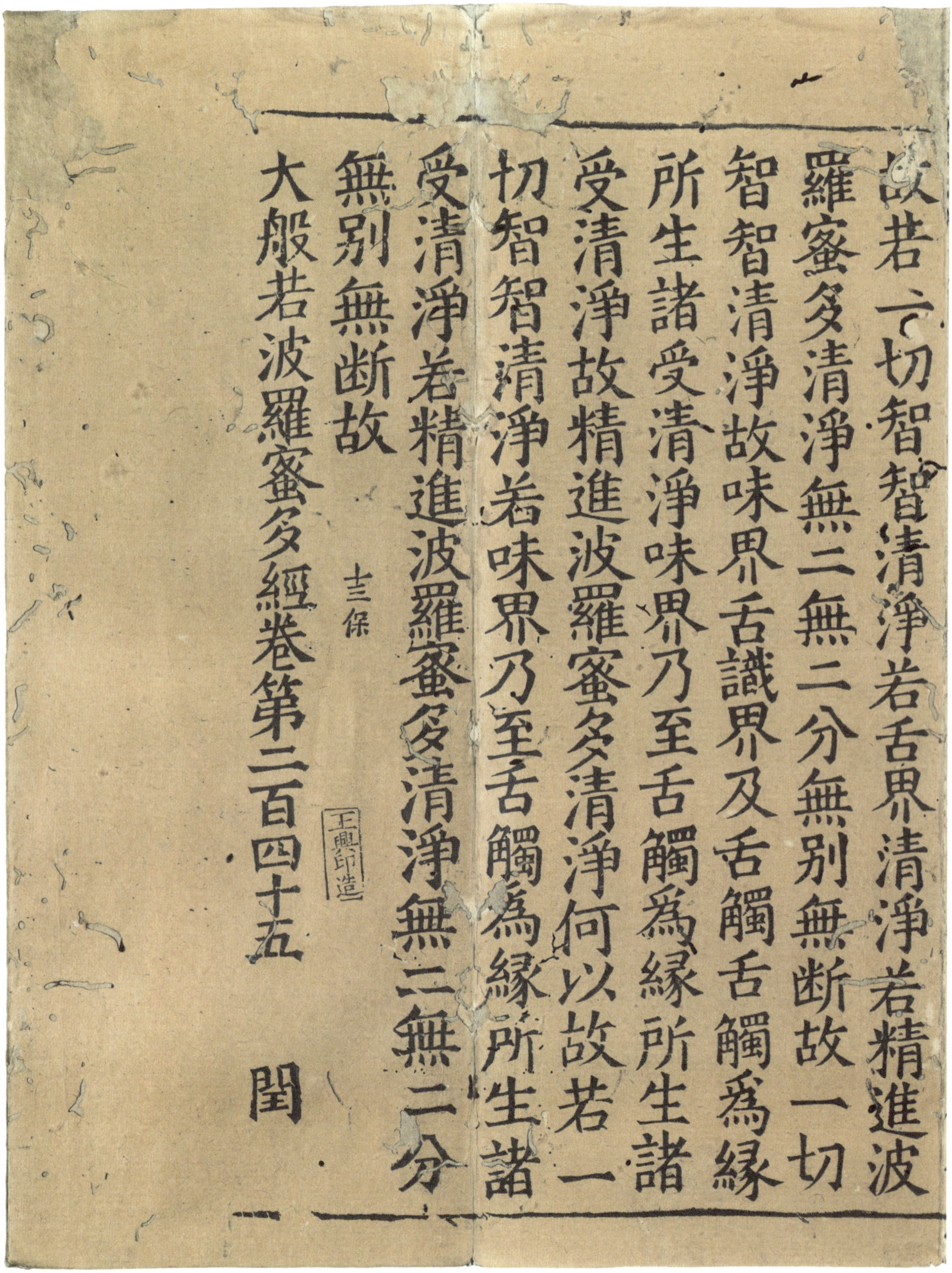
故若一切智智清淨若舌界清淨若精進波
羅蜜多清淨無二無二分無別無斷故一切
智智清淨故味界舌識界及舌觸舌觸爲緣
所生諸受清淨味界乃至舌觸爲緣所生諸
受清淨故精進波羅蜜多清淨何以故若一
切智智清淨若味界乃至舌觸爲緣所生諸
受清淨若精進波羅蜜多清淨無二無二分
無別無斷故
十三　保
王興印造
大般若波羅蜜多經卷第二百四十五　閏

明州奉化縣忠義鄉瑞雲山
參政太師王公祠堂大藏經永充四衆看轉
莊嚴報地紹興壬午五月朔男左朝請郎福
建路安撫司參議官賜緋魚袋王伯庠題勸
緣住持清涼禪院傳法去塵賜紫慧海大師[illegible]憲

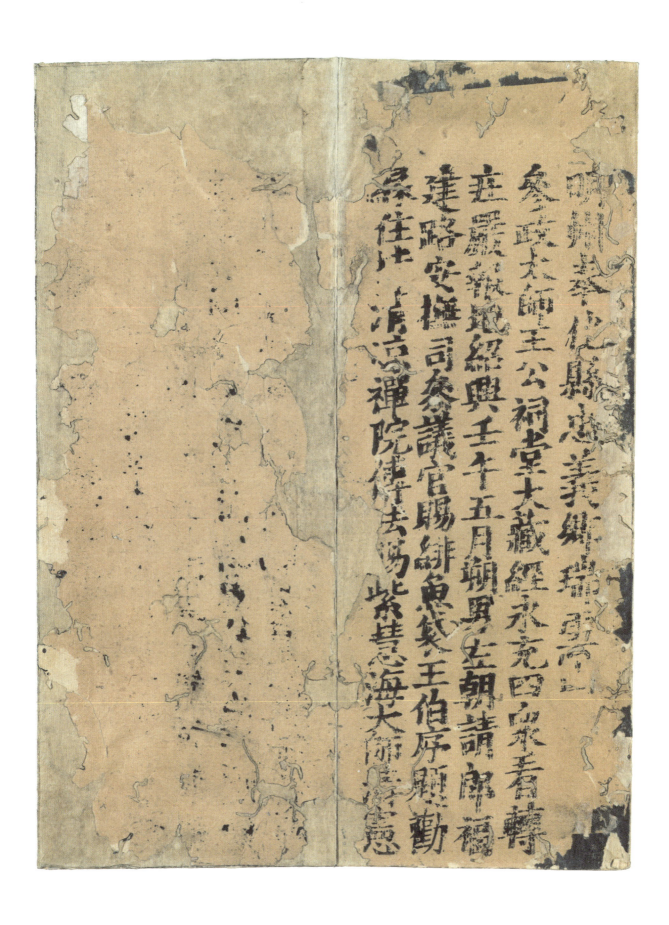

大般若波羅蜜多經六百卷存卷八十三

宋元豐三年（1080）至崇寧二年（1103）福州東禪等覺院刻崇寧萬壽大藏經本。經折裝，一册，有秩號“日”，爲初分受教品第二十四之二。

本卷每版六半葉，半葉六行，行十七字。有修補版。卷端無刊版發願題記。卷首題經名：“大般若波羅蜜多經卷第八十三。”尾題同。首題次行題：“三藏法師玄奘奉詔譯。”版心刊版片號，有刻工：仞、植、張。卷末有印工長方墨戳“張華造”。

本卷中有顏、歐、柳三種字體，顏字版框高24.9釐米，歐字版框高25.3釐米，柳字版框高24.3釐米。

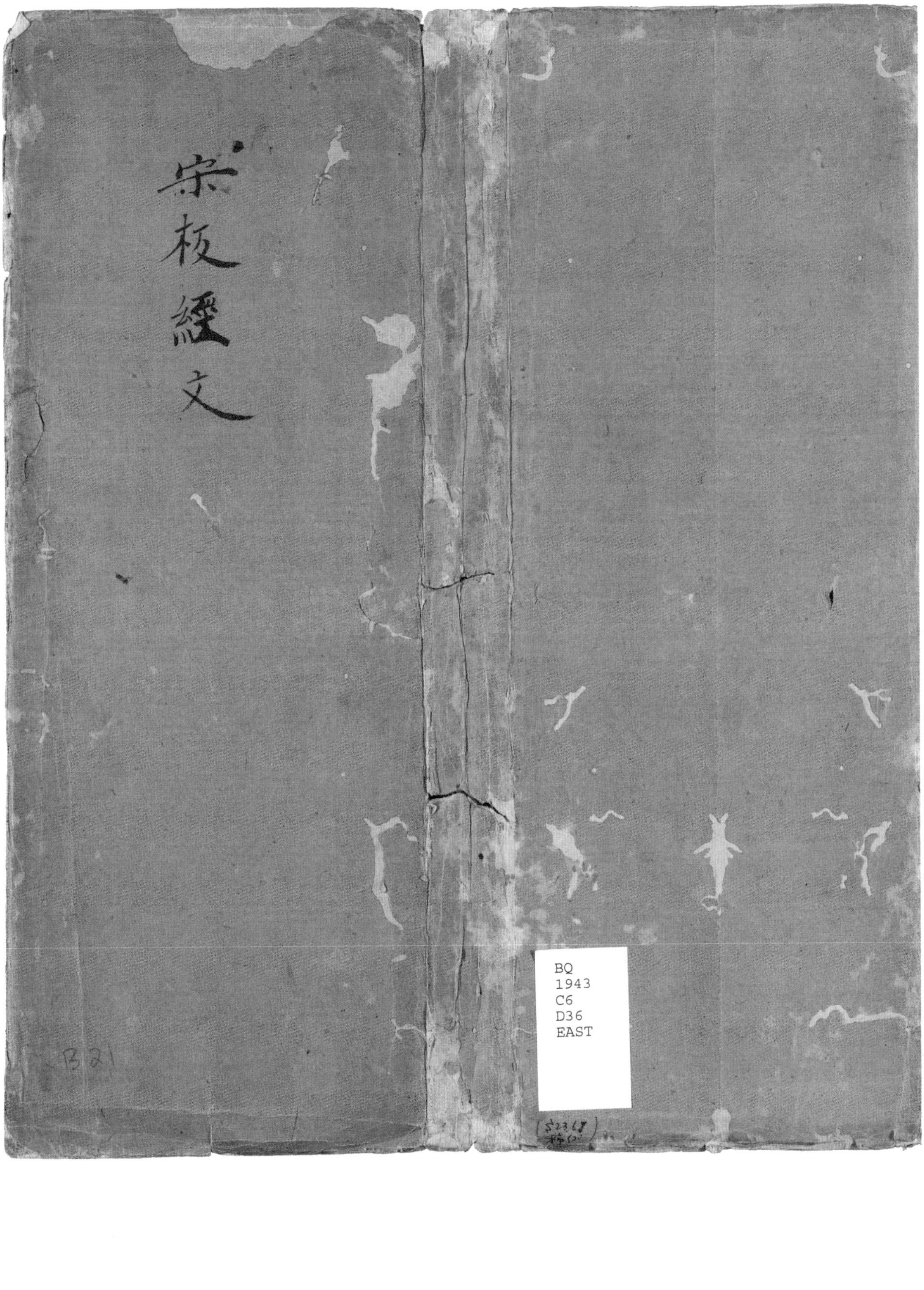
宋板經文
BQ
1943
C6
D36
EAST
B21

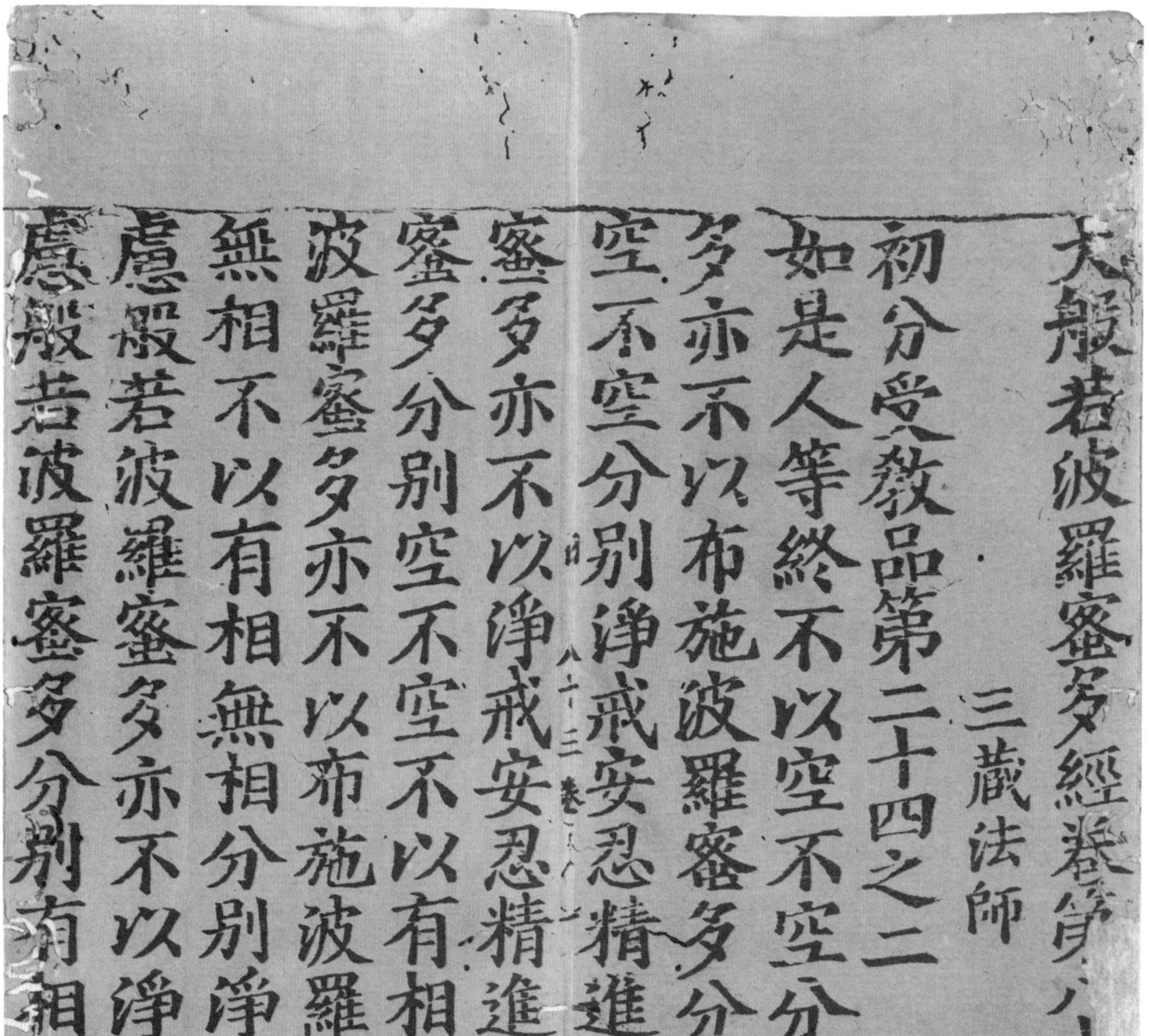

大般若波羅蜜多經卷第八十三　日

三藏法師玄奘奉　詔譯

初分受教品第二十四之三

如是人等終不以空不空分別布施波羅蜜
多亦不以布施波羅蜜多分別空不空不以
空不空分別淨戒安忍精進靜慮般若波羅
蜜多亦不以淨戒安忍精進靜慮般若波羅
蜜多分別空不空不以有相無相分別布施
波羅蜜多亦不以布施波羅蜜多分別有相
無相不以有相無相分別淨戒安忍精進靜
慮般若波羅蜜多亦不以淨戒安忍精進靜
慮般若波羅蜜多分別有相無相不以有願

雲地分別滅不滅不以寂靜不寂靜分別極
喜地亦不以極喜地分別寂靜不寂靜不以
寂靜不寂靜分別離垢地發光地乃至善慧
地法雲地亦不以離垢地發光地乃至善慧
地法雲地分別寂靜不寂靜不以遠離不遠
離分別極喜地亦不以極喜地分別遠離不
遠離不以遠離不遠離分別離垢地發光地
乃至善慧地法雲地亦不以離垢地發光地
乃至善慧地法雲地分別遠離不遠離

大般若波羅蜜多經卷第八十三

張華造

大般若波羅蜜多經六百卷存卷二百五十四

北宋兩浙路海鹽縣金粟山廣惠禪院寫大藏經本。有秩號“餘”，爲初分難信解品第三十四之七十三。

本件原爲卷軸裝，現割裱爲册葉，裝爲四册，團花綾面。第一册封面有題簽：“金粟山大藏經　般若波羅蜜多經卷第二百五十四　寶賢堂敬藏。”第二、三、四册有經名簽。通卷朱墨上下邊欄及界行，高23.8釐米。共十六紙，每紙三十行，行十七字，現裱爲每開六行。紙背有橢圓朱印。

卷端首行題“海鹽金粟山廣惠禪院大藏”，次行題經名“大般若波羅蜜多經卷第二百五十四”，三行題“大唐三藏法師玄奘奉詔譯”。卷末題經名：“大般若波羅蜜多經卷第二百五十四。”尾題後有校勘題名：“同校勘僧德栖；勾當寫造大藏報願僧惠明；都勸緣住持傳法沙門知禮并校勘。”

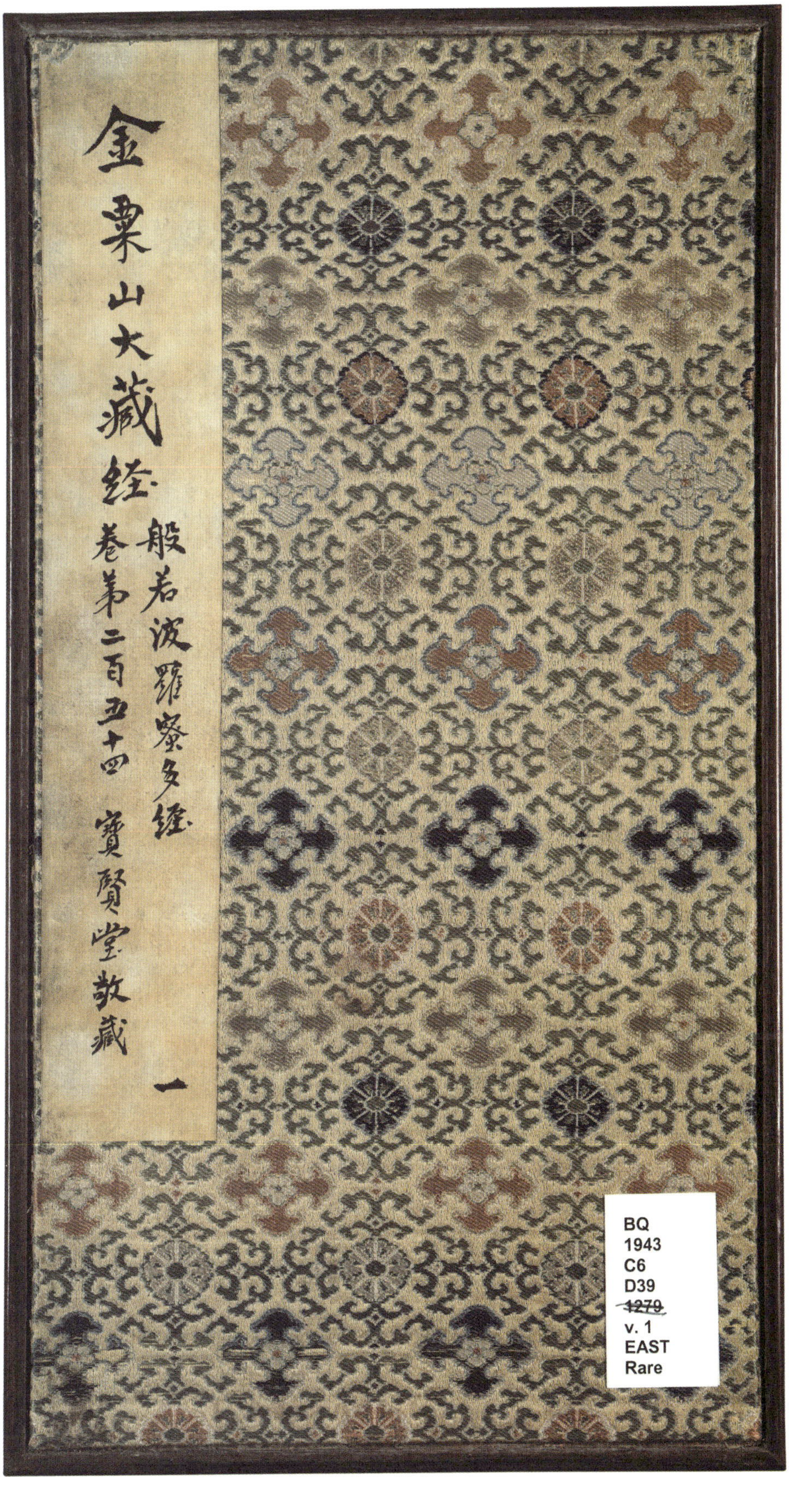
金粟山大藏經
般若波羅蜜多經
卷第二百五十四
寶賢堂敬藏
一
BQ
1943
C6
D39
1279
v. 1
EAST
Rare

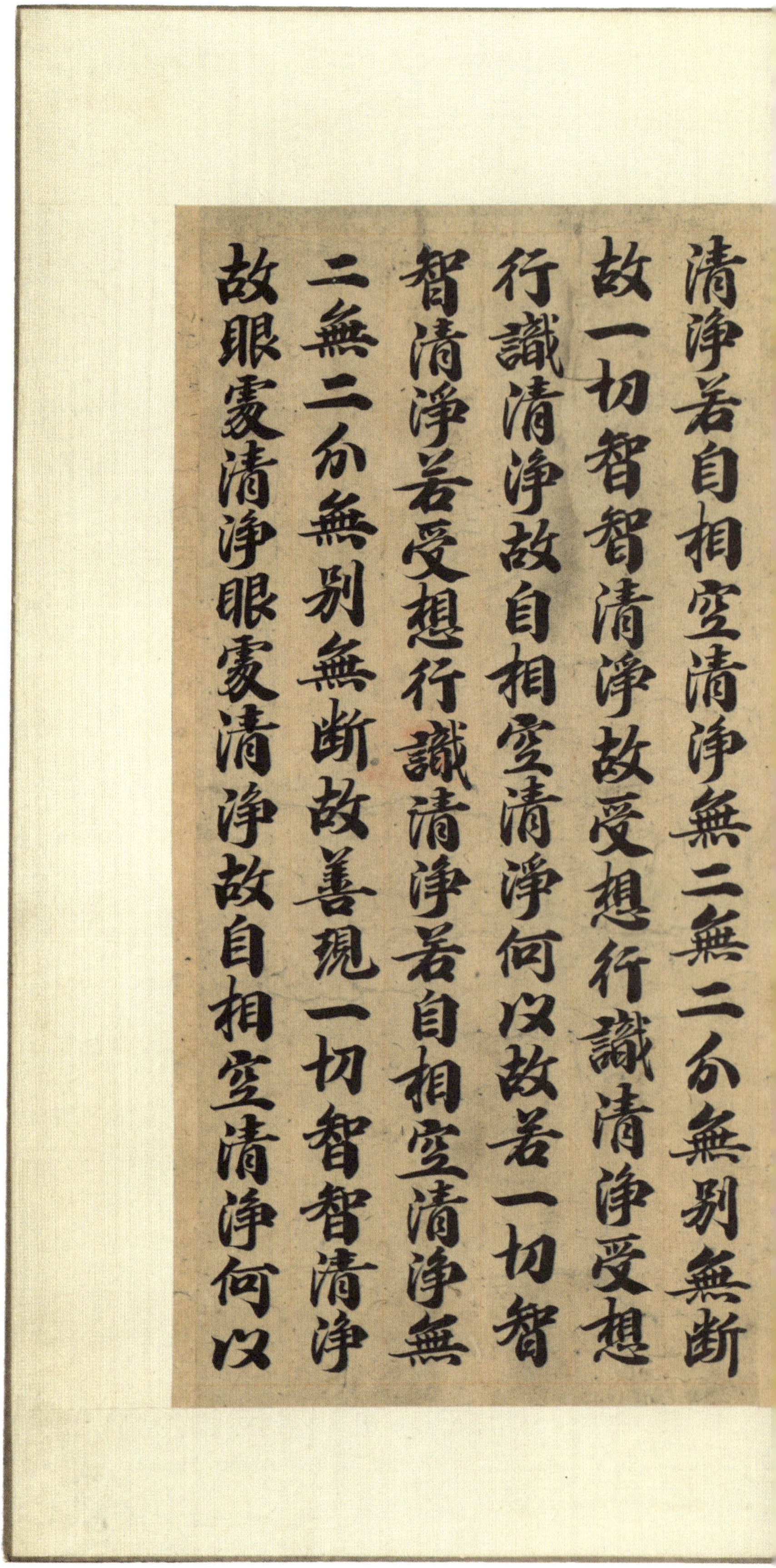

清淨若自相空清淨無二無二分無別無斷
故一切智智清淨故受想行識清淨受想
行識清淨故自相空清淨何以故若一切智
智清淨若受想行識清淨若自相空清淨無
二無二分無別無斷故善現一切智智清淨
故眼處清淨眼處清淨故自相空清淨何以

海鹽金粟山廣惠禪院大藏 餘 十六紙

大般若波羅蜜多經卷第二百五十四

大唐三藏法師玄奘奉 詔譯

初分難信解品第三十四之七十三

復次善現一切智智清淨故色清淨色清淨

故自相空清淨何以故若一切智智清淨若色

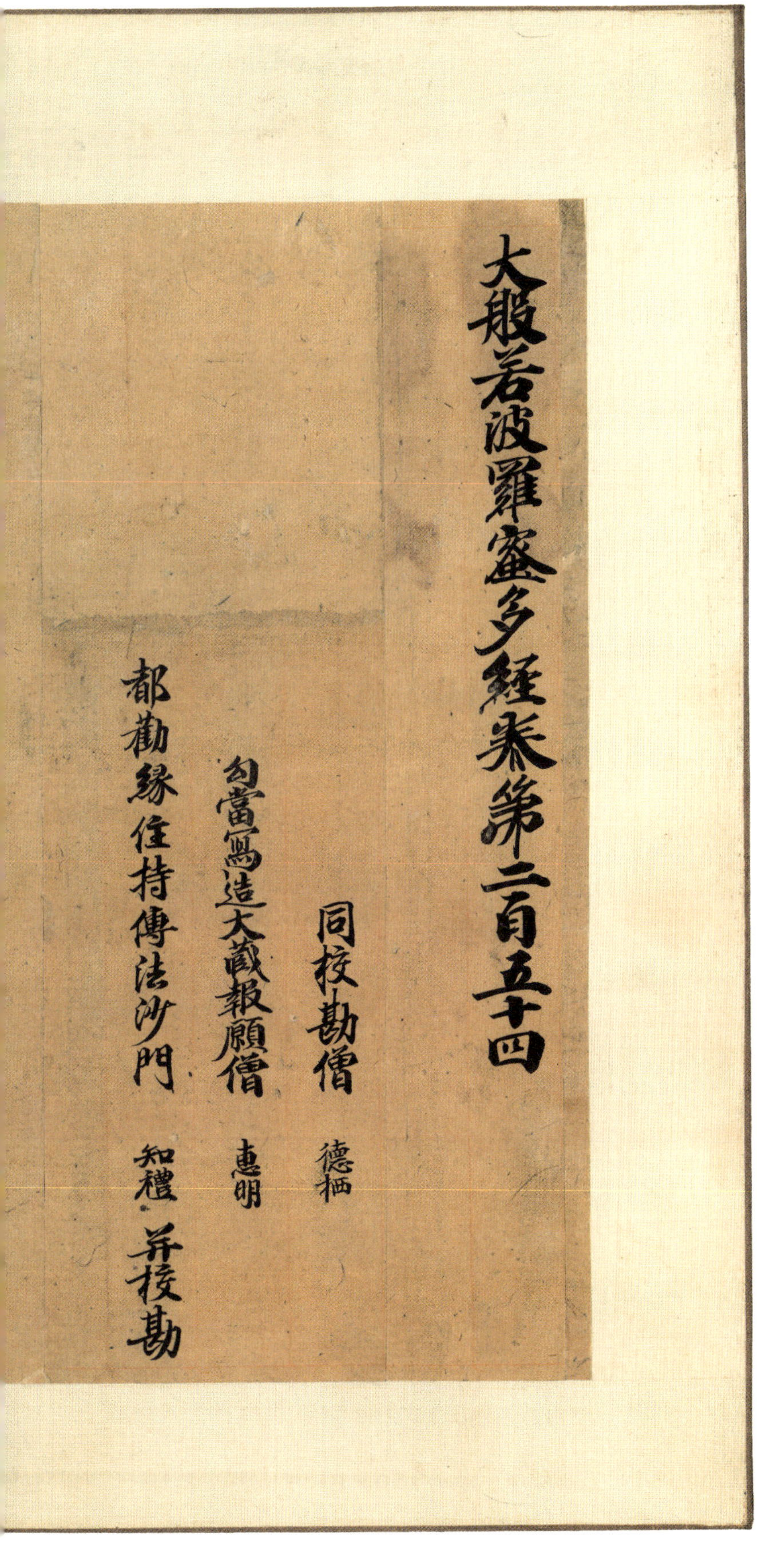

大般若波羅蜜多經卷第二百五十四

同校勘僧 德栖

勾當寫造大藏報願僧 惠明

都勸緣住持傳法沙門 知禮 并校勘

大般若波羅蜜多經六百卷存卷五十三

元至元十四年(1277)至二十七年(1290)杭州路南山大普寧寺刻大藏經本。經折裝,一册,有秩號“宙”,爲初分辯大乘品第十五之三。

本卷每版五半葉,半葉六行,行十七字。版框高24.3釐米。卷首題經名“大般若波羅蜜多經卷第五十三”,尾題同。首題次行題:“三藏法師玄奘奉詔譯。”卷末附音義,且有發願題記:“常州路無錫縣梅里鄉弟子石智明施財刊造《大藏經》貳卷,用報四恩三有,考妣二親,已往生方見存獲慶。”版心刊版片號,有刻工:堅、明、黄宥、黄、金、徐、朱。本卷第六版以後有殘,缺第七、八、九版及第十版首半葉。

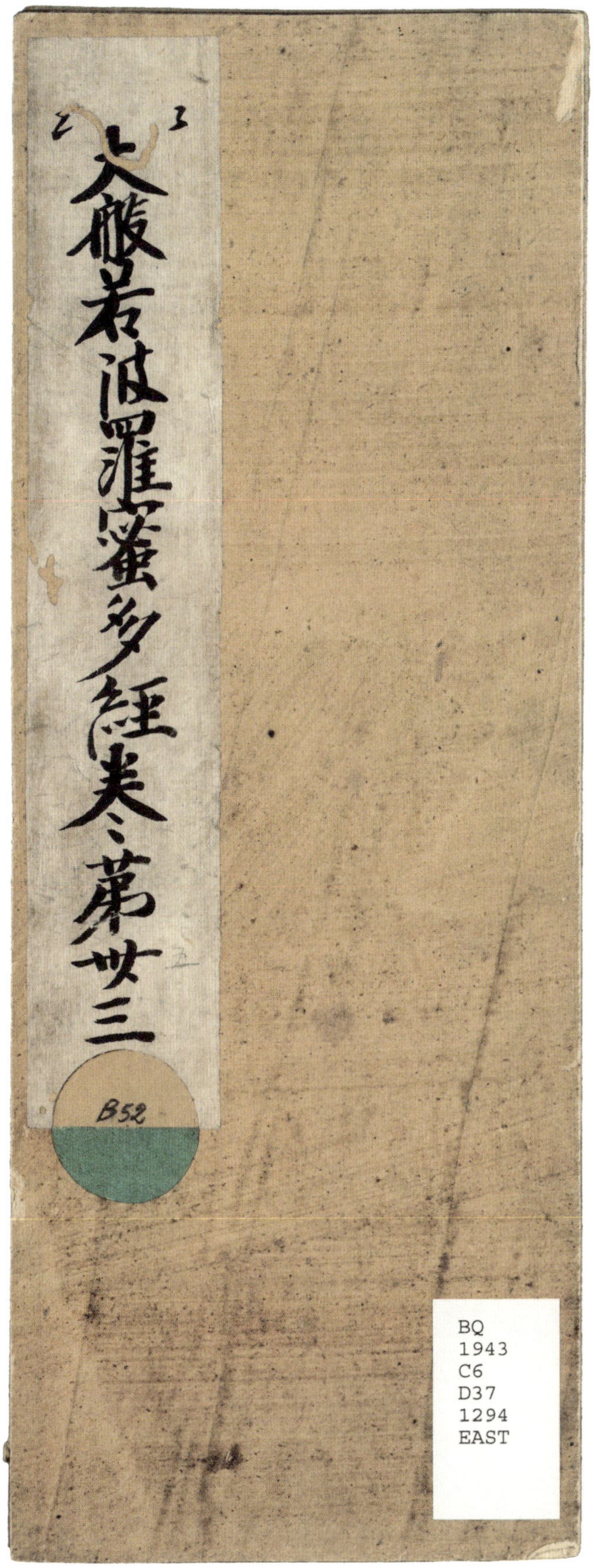
大般若波羅蜜多經卷第卅三
B52
BQ
1943
C6
D37
1294
EAST

大般若波羅蜜多經卷第五十三　宙

三藏法師　玄奘奉　詔譯

初分辯大乘品第十五之二

尒時具壽善現白佛言世尊云何菩薩摩訶薩修行般若波羅蜜多時以無所得而爲方便於内外俱身受心法住循身受心法觀熾然精進具念正知爲欲調伏世貪憂故佛言善現若菩薩摩訶薩修行般若波羅蜜多時以無所得而爲方便審觀自身行時知行住時知住坐時知坐卧時知卧如如自身威儀差别如是如是具念正知善現是爲菩薩摩訶薩修行般若波羅蜜多時以無所得而爲

畢

蘊藴句粉反揌
蒲報反下音
亦作曝
惣相寺反
字亦可
察也反
筞勵例上楚責反下
一自強也
跛反必
我
娜乃可
硇何反
柂上音虵下徒可反
又音丑家反
矯穢上居反小反嫁
星導上音丁可反下音礙
字初眼初鴈通呼二
瑟吒
剌粹同
刺瑟吒
佉丘迦反二字通呼
攞郎達反約蘇合
嗑何塔約
綽反颯足加反
頗反定我
塞迦則上桑反
騠迫
擘反
蹉
鍵上呼件音同
掃
挐

俱反下
阿練若下汝者反亦云
阿蘭若此云寂靜處
文云此舍雨義去聚
落五百弓一目
所謂無鬧無人聲
故本名喋聲亦云喬
音佰反
除謂修心亦除貪心
頭陀此云修治亦云
除貪也
杜多上徒卜反下丁反刋云

常州路無錫縣梅里鄉弟子石智明施財刋造

大藏經貳卷用報四恩三有考妣二神往生方見存護愛

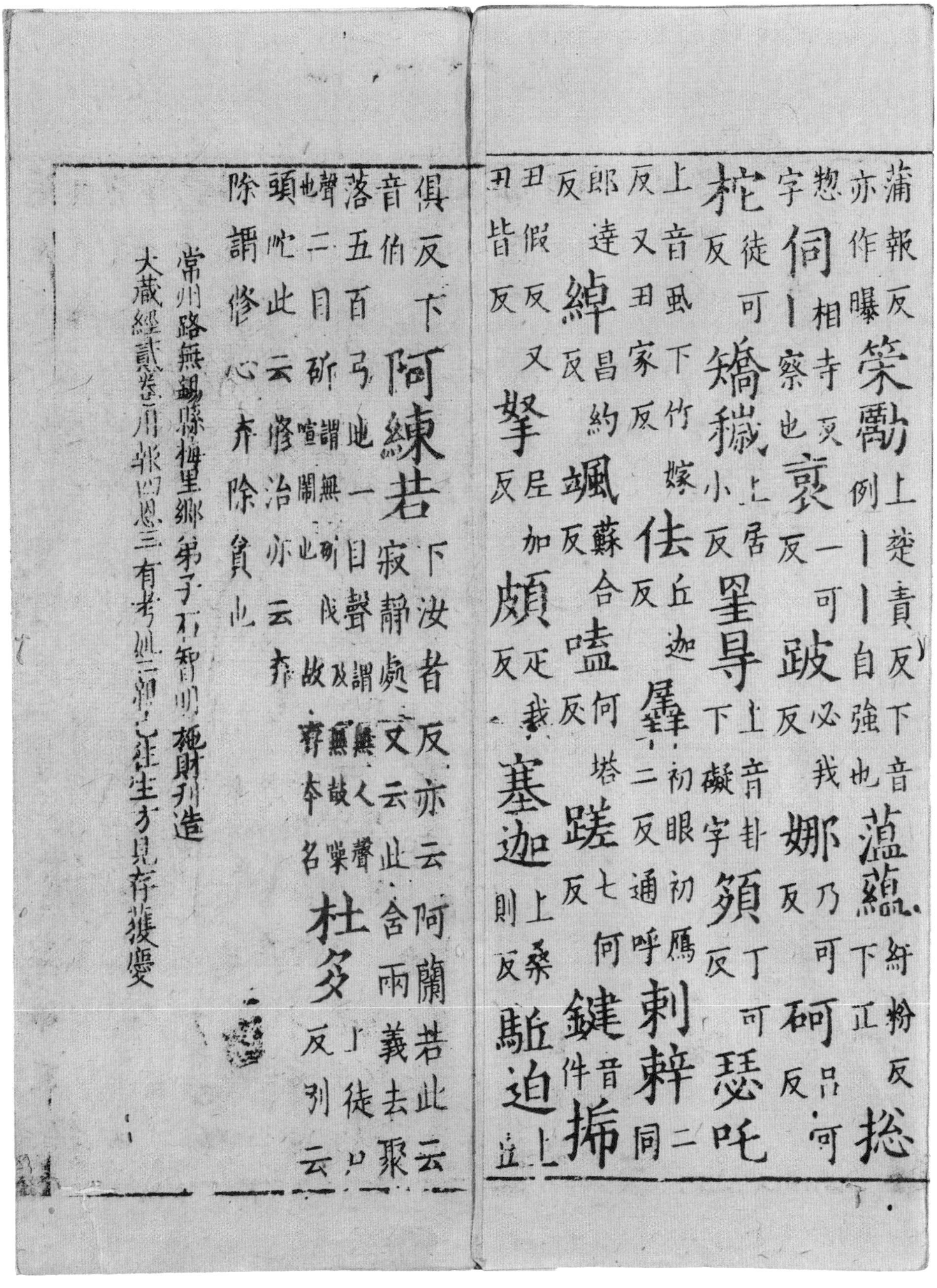

大般若波羅蜜多經六百卷存卷二百九十九

元至元十四年（1277）至二十七年（1290）杭州路南山大普寧寺刻大藏經本。經折裝，一册，有秩號“吕”，爲初分難聞功德品第三十九之三。

本卷每版五半葉，半葉六行，行十七字。版框高24.6釐米。卷端題經名：“大般若波羅蜜多經卷第二百九十九。”尾題同。次行題：“三藏法師玄奘奉詔譯。”卷末有助緣題記：“大藏經局伏承湖州路歸安縣松亭鄉新興村福城菴奉佛弟子比丘明濟、陳九六道共捨寶鈔壹拾壹貫文，助刊《大般若經》壹卷。所集功德，上薦考陳三七承事、妣朱氏九娘子，次承陳九六道報薦考陳四承事、妣章氏五娘子，同登覺地，共證……月……日南山普寧寺住山釋……”，題記末行未施墨，故有缺字。版心處刊版片號，有刻工：陳政、政、仁。

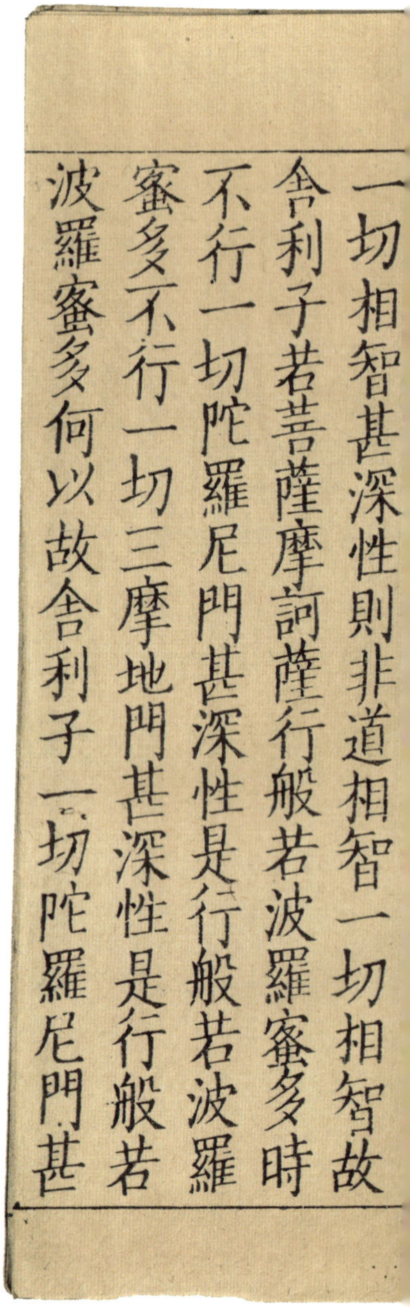
一切相智甚深性則非道相智一切相智故
舍利子若菩薩摩訶薩行般若波羅蜜多時
不行一切陀羅尼門甚深性是行般若波羅
蜜多不行一切三摩地門甚深性是行般若
波羅蜜多何以故舍利子一切陀羅尼門甚

大般若波羅蜜多經卷第三百九十九　呂

三藏法師　玄奘奉　詔譯

初分難聞功德品第三十九之二

舍利子若菩薩摩訶薩行般若波羅蜜多時不行佛十力甚深性是行般若波羅蜜多不行四無所畏四無礙解大慈大悲大喜大捨十八佛不共法甚深性是行般若波羅蜜多何以故舍利子佛十力甚深性則非佛十力四無所畏乃至十八佛不共法甚深性則非四無所畏乃至十八佛不共法故舍利子若菩薩摩訶薩行般若波羅蜜多時不行無忘失法甚深性是行般若波羅蜜多不行恒住捨性甚深性是行般若波羅蜜多何以故舍利子無忘失法甚深性則非無忘失法恒住捨性甚深性則非恒住捨性故舍利子若菩薩摩訶薩行般若波羅蜜多時不行一切智甚深性是行般若波羅蜜多不行道相智一

佛弟子比丘 明濟 陳八六道
大般若經壹卷所集功德上薦
考陳三七承事 妣朱氏九娘子
考陳四承事 妣章氏五娘子同登

不久當受大菩提記憍尸迦若菩薩摩訶薩
聞說如是甚深般若波羅蜜多其心不驚不
恐不怖當知是菩薩摩訶薩已受無上大菩
提記設未受者不過一佛或二佛所定當得
受大菩提記尒時佛告舍利子言如是如是
如汝所說舍利子若菩薩摩訶薩久學大乘
久發大願久修六種波羅蜜多久供養諸佛
久事諸善友聞說如是甚深般若波羅蜜多
其心不驚不恐不怖聞已信解受持讀誦如
理思惟爲他演說或如所說隨力修行

大般若波羅蜜多經六百卷存卷四百七十三

元至元十六年(1279)杭州路南山大普寧寺刻大藏經本。經折裝,一册,有秩號“崗”,含第二分善達品第七十七之三、第二分實際品第七十八之一。

本卷每版五半葉,半葉六行,行十七字。版框高24.8釐米。封面爲日本舊經之物,簽題“卷二百五十七”,後配裝至本卷。卷端題經名:“大般若波羅蜜多經卷第四百七十三。”尾題同。次行題“三藏法師玄奘奉詔譯”,卷末刊助緣題記:“大藏經局伏承湖州路歸安縣松亭鄉新興村覺圓菴比丘如行,謹施寶鈔壹十壹貫文,助刊《大般若經》壹卷。所集良因,資嚴先師湯福公菴主仍悼俗舍考妣宗親俱超。至元十六年五月日南山普寧寺住山釋道安題。”版心有版片號,有刻工:應芳、翁。

本册第十二版配日本補抄本。第十二版之後,錯簡嚴重,依次爲:第十三版(日本補抄)、第十四版、第十三版、第十四版、第十五版……其中第十三版有原雕版,又配日本補抄;第十四版重出。

鈐“春翠文庫”朱文方印。

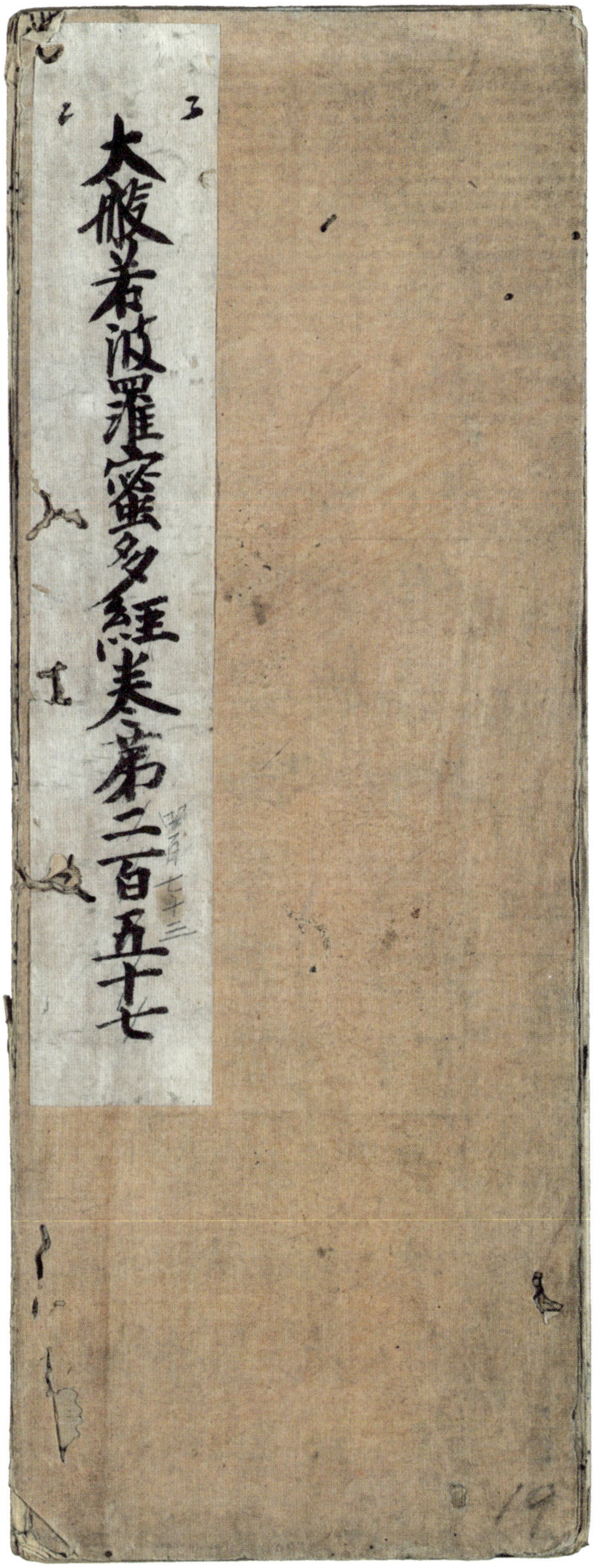
大般若波羅蜜多經卷第二百五十七

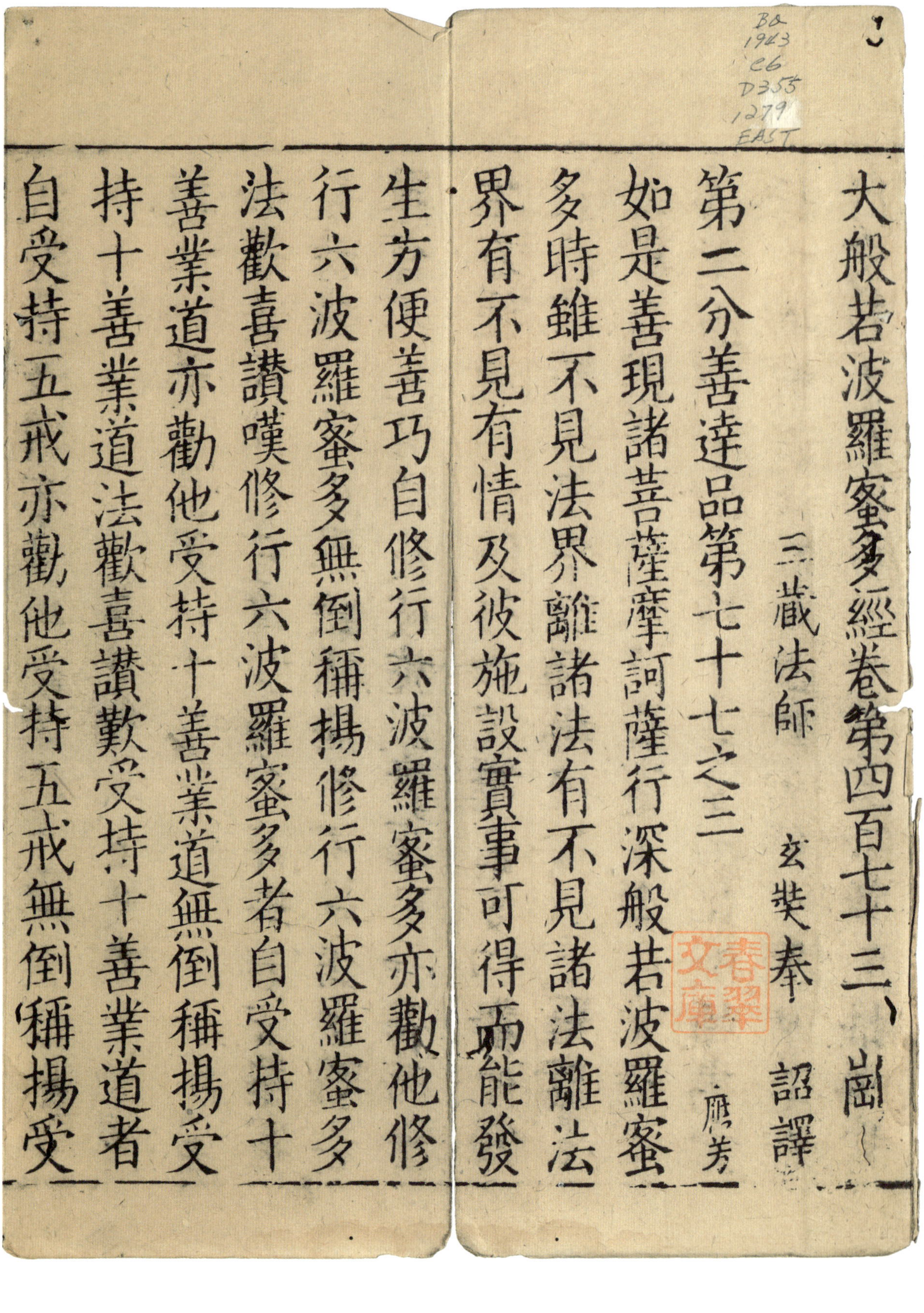

BQ 1943 C6 D355 1279 EAST
大般若波羅蜜多經卷第四百七十三 崗
三藏法師 玄奘奉 詔譯
第二分善達品第七十七之三
如是善現諸菩薩摩訶薩行深般若波羅蜜
多時雖不見法界離諸法有不見諸法離法
界有不見有情及彼施設實事可得而能發
應芳
春翠文庫
生方便善巧自修行六波羅蜜多亦勸他修
行六波羅蜜多無倒稱揚修行六波羅蜜多
法歡喜讚嘆修行六波羅蜜多者自受持十
善業道亦勸他受持十善業道無倒稱揚受
持十善業道法歡喜讚歎受持十善業道者
自受持五戒亦勸他受持五戒無倒稱揚受

法亦不可得有漏法無漏法亦不可得世間
法出世間法亦不可得有爲法無爲法亦不
可得三十二大士相八十隨好亦不可得

大般若波羅蜜多經卷第四百七十三　崗

瞋忿（下芳問反）揭路（上居列反）緊捺（下奴達反）讚勵（下音例）懈
怠（上居責反　下音待）　十六

大藏經局伏承　湖州路歸安縣松亭鄉新興村覺圓菴比丘 如行 謹施寶鈔
壹拾壹貫文助刊
大般若經壹卷所集良因資嚴
先師湯福公菴主仍悼　併念考妣宗親俱超
至元二十二年五月　日南山普寧寺住山釋　道安　題

佛母出生三法藏般若波羅蜜多經二十五卷

存卷二十、二十五

元至元十四年(1277)至二十七年(1290)杭州路南山大普寧寺刻大藏經本。經折裝,存卷二十、二十五,二册。

卷二十有秩號“車三”,含善知識品第二十二、帝釋天主讚歎品第二十三、增上慢品第二十四,末附音義(殘)。卷端題經名:“佛母出生三法藏般若波羅蜜多經卷第二十。”尾題同。次行題:“北天竺三藏朝奉大夫試光禄卿傳法大師賜紫施護等奉詔第九譯。”本卷每版五半葉,半葉六行,行十七字。版框高25釐米。

卷二十五有秩號“車八”,含常啼菩薩品第三十之三、法上菩薩品第三十一、囑累品第三十二。卷端題經名:“佛母出生三法藏般若波羅蜜多經卷第二十五。”卷尾殘佚經文三行及尾題、音義三行。次行題:“北天竺三藏朝奉大夫試光禄卿傳法大師賜紫施護等奉詔第九譯。”本卷每版五半葉,半葉六行,行十七字。版框高25釐米。

本經二十五卷,宋釋施護等譯。中國歷代大藏經及經録收録。施護(?—1017),生於北印度迦濕彌羅國,爲北印度烏填曩國帝釋宫寺僧。宋太宗太平興國五年(980)來華,與天息災(法賢)、法天等在北宋都城汴梁天平興國寺築譯經院,主持譯經活動。

本經爲《小品般若波羅蜜經》之同本異譯。其他同本異譯有後漢支婁迦讖譯《道行般若經》十卷,吴支謙譯《大明度無極經》六卷,前秦曇摩蜱、竺佛念共譯《摩訶般若波羅蜜抄經》五卷,唐玄奘譯《大般若經》第四會十八卷二十九品、第五會十卷二十四品。其中施護譯本之分品與現存梵文八千頌般若及西藏譯本完全相同,曾流行於西夏國時期。

鈐“一切經南都善光院”朱文長方印。

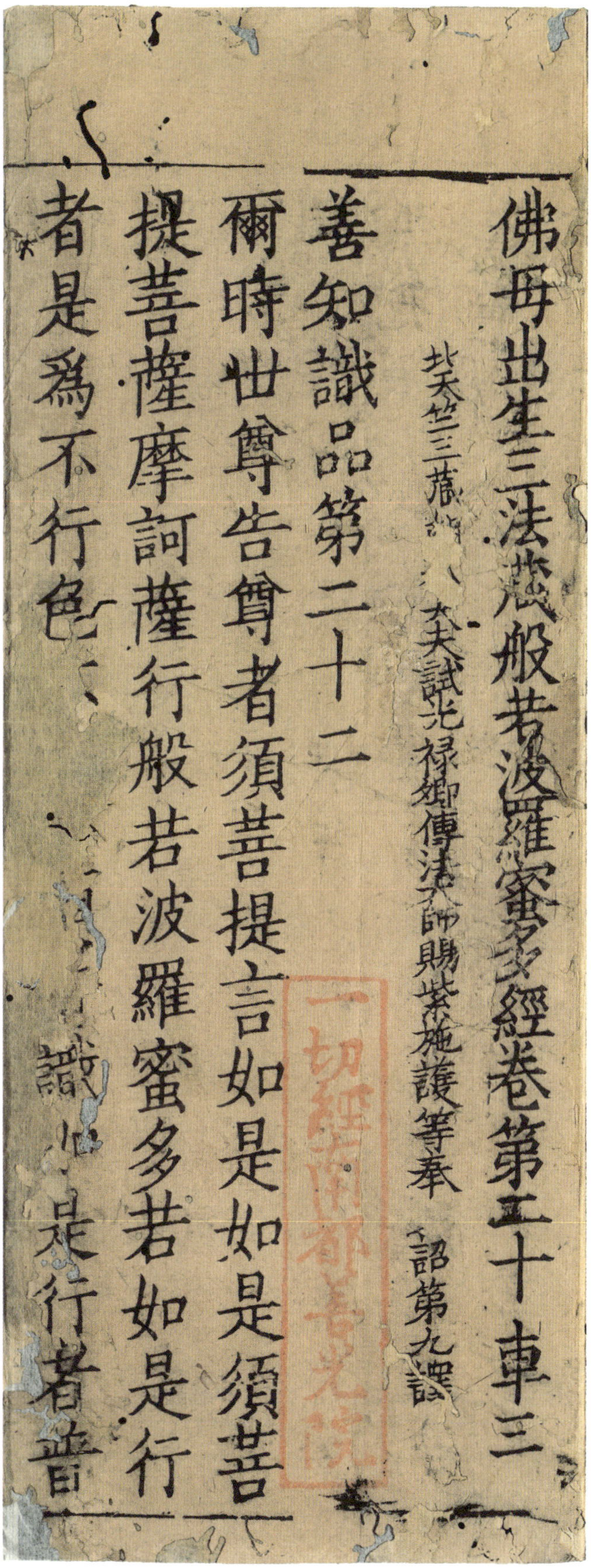

佛母出生三法藏般若波羅蜜多經卷第二十　車三

北天竺三藏　大夫試光祿卿傳法大師賜紫施護等奉　詔第九譯

善知識品第二十二

爾時世尊告尊者須菩提言如是如是須菩

提菩薩摩訶薩行般若波羅蜜多若如是行

者是為不行色　識　是行者普

車八

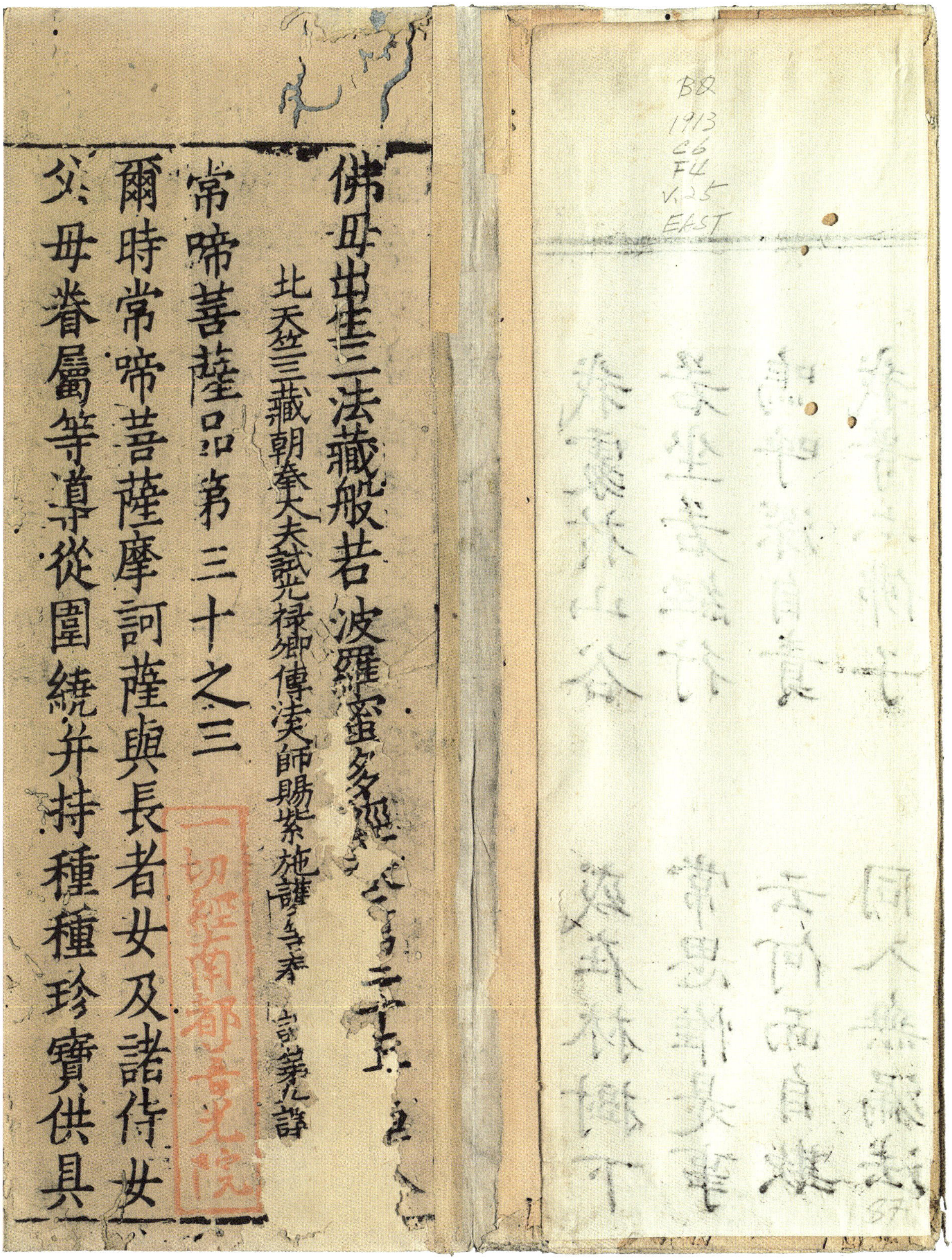

佛母出生三法藏般若波羅蜜多經卷第二十五

北天竺三藏朝奉大夫試光祿卿傳法大師賜紫施護奉詔譯

常啼菩薩品第三十之三

爾時常啼菩薩摩訶薩與長者女及諸侍女

父母眷屬等導從圍繞并持種種珍寶供具

大方廣佛華嚴經八十卷存卷三十一

宋靖康元年(1126)至紹興二年(1132)兩浙路湖州王永從兄弟一家施刻思溪藏本。經折裝，一册，有秩號“愛”，爲十迴向品第二十五之九。

本卷每版五半葉，半葉六行，行十七字。版框高23.7釐米。卷端題經名：“大方廣佛華嚴經卷第三十一。”尾題同。次行題“于闐國三藏沙門實叉難陀譯”，卷末墨書“清净奉佛弟子陸應塏授持”。卷前内葉附日本收藏者手寫識語一道。

實叉難陀(652—710)，又作施乞叉難陀，譯名學喜、喜學。于闐(今新疆和闐)人。曾兩度來華，賫《華嚴》梵本，與菩提流志、義净等加以重譯，後又譯《大乘入楞伽經》、《入如來智德不思議經》、《普賢菩薩所説經》、《文殊師利授記經》、《十善業道經》、《觀世音菩薩秘密藏神咒經》、《摩訶般若隨心經》等其他經典。據《宋高僧傳》卷二，共譯經十九部一百〇七卷。學兼大小二乘。

《大方廣佛華嚴經》，又稱《華嚴經》、《雜華經》，爲華嚴宗奉持的主要經典。中國歷代大藏經及經録收録。華嚴宗，又稱賢首宗、法界宗、圓明具德宗，探討以毗盧遮那佛爲中心的一真法界，自《華嚴經》發展出法界緣起、十玄、四法界、六相圓融等學説。“大方廣佛華嚴”，指證入廣大無邊無盡法界之佛，以如花之萬德，令法身莊嚴。《華嚴經》被喻爲大乘佛教的“經中之王”，主要内容是立法界緣起，彰顯佛陀廣博無盡、圓融無礙的因行果德。

漢譯《華嚴經》有多次翻譯。重要的有，東晋佛馱跋陀羅譯六十卷本，稱舊譯華嚴。唐代武周時期實叉難陀譯八十卷，又稱新譯華嚴，武則天親臨譯場并製序，流傳較廣。另有唐代般若譯四十卷本，僅“入法界品”一品，爲新舊華嚴經入法界品的異譯，又稱貞元經。

鈐“一切經南都善光院”朱文長方印、“古經堂藏”朱文方印。

新譯
華嚴經卷苐三十一
愛
BQ
1625
C6
D3
1279
EAST

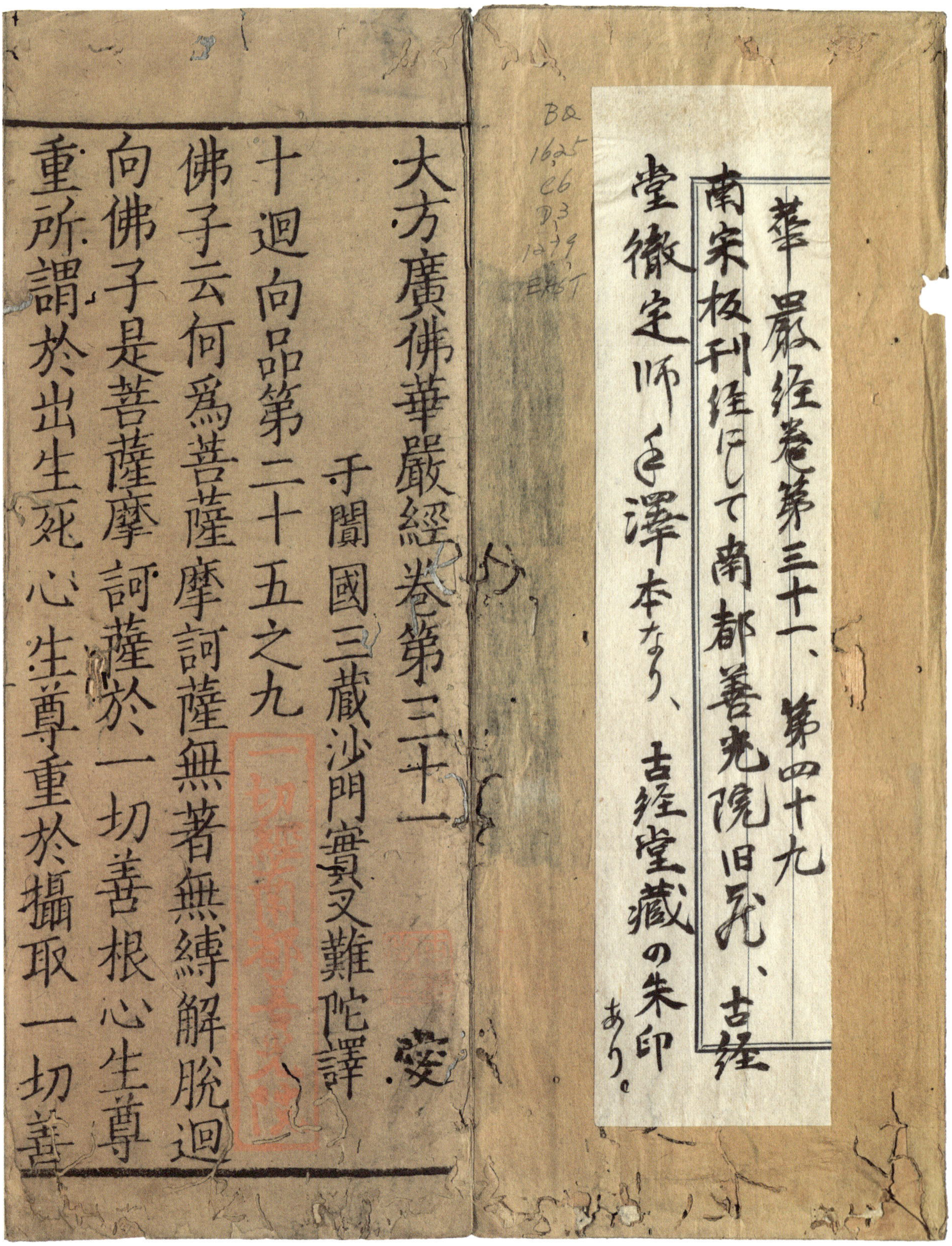
大方廣佛華嚴經卷第三十一
于闐國三藏沙門實叉難陀譯
十迴向品第二十五之九
佛子云何爲菩薩摩訶薩無著無縛解脫迴
向佛子是菩薩摩訶薩於一切善根心生尊
重所謂於出生死心生尊重於攝取一切善
BQ
1625
C6
D3
1279
EAST
華嚴経巻第三十一、第四十九
南宋板刊経にして南都善光院旧蔵、古経
堂徹定师手澤本なり、古経堂藏の朱印
あり。

若人能修此迴向　則爲學佛所行道
當得一切佛功德　及以一切佛智慧
一切世間莫能壞　一切所學皆成就
常能憶念一切佛　常見一切世間燈
菩薩勝行不可量　諸功德法亦如是
已住如來無上行　悉知諸佛自在力

清淨奉　佛弟子淺　應[illegible]授持

大方廣佛華嚴經卷第三十一　十七

愛

中阿含經六十卷存卷三

宋紹聖三年(1096)福州東禪等覺院刻宋修崇寧萬壽大藏經本。經折裝,一册,有秩號"薄",爲業相應品第二。

本卷每版六半葉,第九版五半葉。半葉六行,行十七字。版框高24.2釐米。卷端有刊版發願文:"福州東禪等覺院住持傳法沙門智賢,謹募衆緣,□□今上皇帝祝延聖壽,闔郡官僚同資禄位,雕造《大藏經》印板計五百餘函。時紹聖三年正月日謹題。"缺字乃原卷漫漶。首題經名:"中阿含經卷第三。"次行題:"東晋罽賓三藏瞿曇僧伽提婆譯。"卷尾殘,無尾題。卷内有助緣刊經題記:"葛懌入局刊十片","泉州衆施主捨"。版心處有版片號,有刻工名:付安、文、忻、志。

内文依次爲:中阿含業相應品鹽喻經第一、中阿含業相應品和破經第二、中阿含業相應品度經第三、中阿含業相應品羅雲經第四、中阿含業相應品思經第五、中阿含業相應品伽藍經第六、中阿含業相應品伽彌尼經第七。

本經爲晋僧伽提婆與僧伽羅叉共譯。僧伽提婆,又作僧伽提和、僧伽諦婆,本姓瞿曇氏,北印度罽賓人。印度佛教有部毗曇學家,於前秦建元、東晋太元年間在華講經譯經,譯有《阿毗達磨發智論》、《阿毗曇心》、《三法度》、《中阿含經》、《增一阿含經》等,共約六部一百四十八卷。僧伽羅叉,北印度罽賓人,善誦《阿含經》,於晋安帝隆安元年(397)參與僧伽提婆重譯《中阿含經》。

《中阿含經》六十卷,包含二百二十二經,分爲五頌十八品,爲北傳佛教四部阿含之一,説一切有部所傳,原本不存,後出現漢譯《中阿含經》,以及與之大體相應的南傳"中部經典",并有許多經文單獨流傳。曇摩難提曾於前秦建元二十年(384)譯出五十九卷,早佚。《中阿含經》的主要内容,是論述多種小乘佛教教義,如四諦、八正道、緣起、十二因緣等,以及涅槃、達到涅槃之各種修行,闡發善惡因果報應、無常、一切皆苦等思想。多採用生活事例、寓言故事,着重講述各種學説之關係,爲後出經、律引述。中國歷代大藏經及經録收録。

鈐"三聖寺"朱文圓印。

福州東禪等覺院住持傳法沙門 智賢 謹募衆緣恭為
今上皇帝祝延 聖壽闔郡官僚同資祿位雕造
大藏經印板計五百餘函 時紹聖三年正月 日謹題

中阿含經卷第三 薄

東晉罽賓三藏瞿曇僧伽提婆譯

業相應品第二 有十經

鹽喻和破度 羅云思伽藍 伽弥尼師子
尼揵波羅牢

中阿含業相應品鹽喻經第一

我聞如是一時佛遊舍衛國在勝林給孤獨
園尒時世尊告諸比丘隨人所作業則受其
報如是不行梵行不得盡苦若作是說隨人

佛説波斯匿王太后崩塵土坌身經 須摩提女經

宋靖康元年（1126）至紹興二年（1132）兩浙路湖州王永從兄弟一家施刻思溪藏本。經折裝，一册，有秩號“若”。

本卷首端刊“二經同卷”，當爲兩經合一卷；下注“七”字，是本函册序號。卷首題經名“佛説波斯匿王太后崩塵土坌身經”，尾題同。次行題：“西晋三藏法師法炬譯。”同卷第二部，題經名：“須摩提女經。”尾殘無題。次行題：“吴月支優婆塞支謙譯。”本卷每版五半葉，半葉六行，行十七字。版框高24.5釐米。

釋法炬，事蹟不詳，生活於西晋末。先後翻譯或共譯經典一百三十二種，一百四十二卷。釋支謙，又名支越，號恭明，生活於三國時期，大月氏後裔，漢靈帝時隨祖父及族人來華，東漢末遷吴，主張“般若性空”，譯有《大明度無極經》、《大阿彌陀經》等。

《佛説波斯匿王太后崩塵土坌身經》屬阿含部之《雜阿含經》，解説四恐畏，亦名《除憂患經》，爲小乘佛教佛經。

《須摩提女經》亦屬阿含部，爲小乘佛教佛經，講述佛教徒美女須摩提遇信奉外教者求婚，出嫁後感化夫家皈依佛教，受佛稱讚的故事。此經另有兩種譯本，分別是吴天竺沙門竺律炎譯《佛説三摩竭經》，以及前秦曇摩難提譯《增一阿含須陀品》。

上兩經，中國歷代經録著録，歷代大藏經收録。本卷首鈐“一切經南都善光院”朱文長方印。

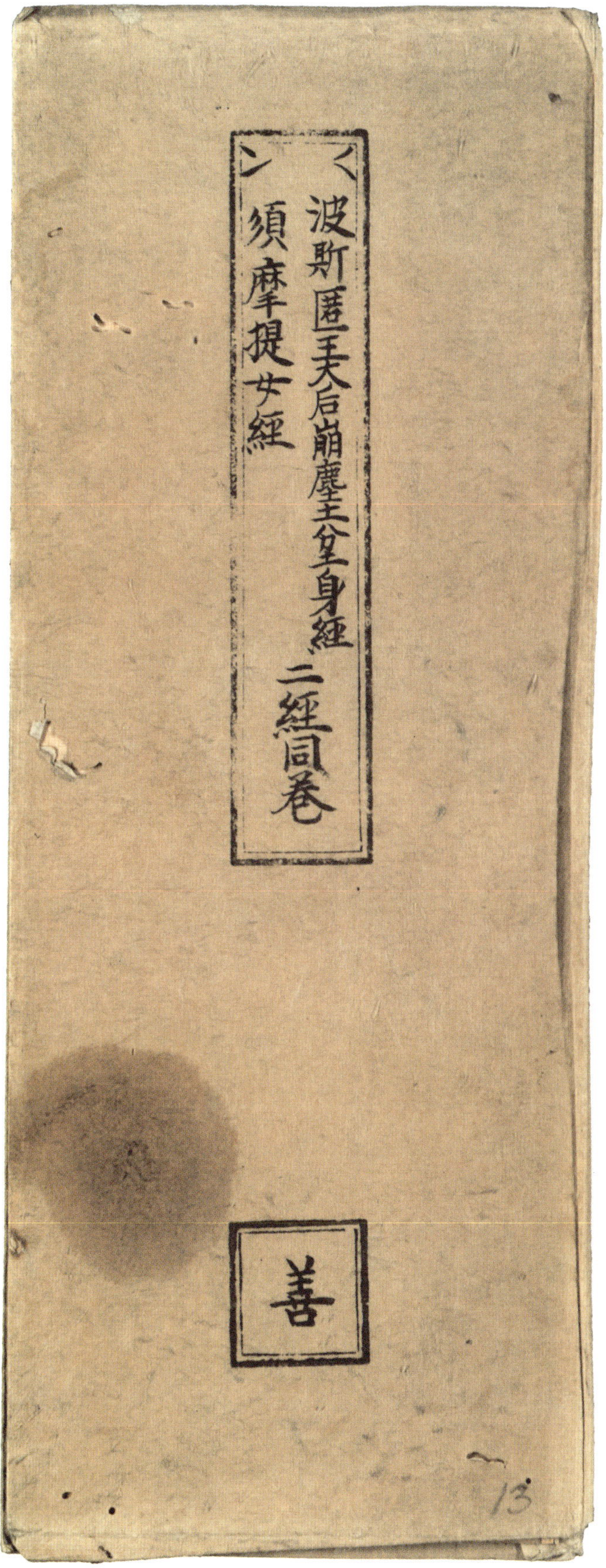
波斯匿王太后崩塵土坌身經
須摩提女經
二經同卷
善
13

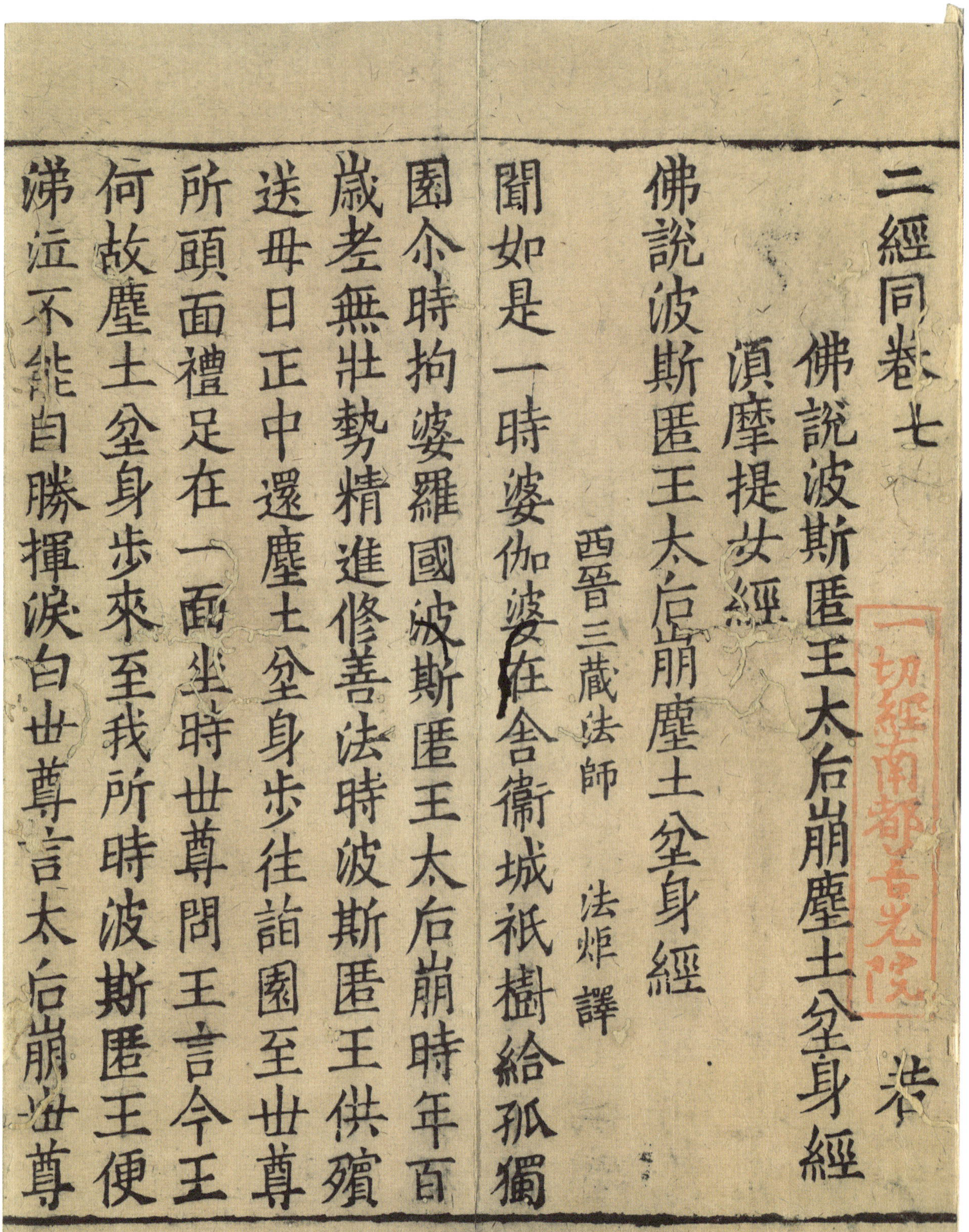

二經同卷七　卷

佛說波斯匿王太后崩塵土坌身經

　須摩提女經

佛說波斯匿王太后崩塵土坌身經

　　西晉三藏法師　法炬譯

聞如是一時婆伽婆在舍衛城祇樹給孤獨園尒時拘婆羅國波斯匿王太后崩時年百歲耄無壯勢精進修善法時波斯匿王供殯送毌日正中還塵土坌身步往詣園至世尊所頭面禮足在一面坐時世尊問王言今王何故塵土坌身步來至我所時波斯匿王便涕泣不能自勝揮淚白世尊言太后崩世尊

柔軟歡喜。尒時世尊與王波斯匿具說微妙法，勸令歡喜。時波斯匿王即從座起，頭面禮足，遶佛三帀而去。尒時拘婆羅國波斯匿王聞佛所說，歡喜奉行。

佛說波斯匿王太后崩塵土坌身經

須摩提女經

吴月支優婆塞支謙譯

聞如是：一時佛在舍衛國祇樹給孤獨園。尒時世尊與大比丘衆千二百五十人俱。尒時有長者名阿那邠邸，饒財多寶，金銀珍寶，硨

央掘魔羅經四卷存卷一至三

元至元十四年(1277)至二十七年(1290)杭州路南山大普寧寺刻大藏經本。經折裝，三册，有秩號“量一”至“量三”。

本經每版五半葉，半葉六行，行十七字。版框高24.3釐米。首尾題名同：“央掘魔羅經”，次行題“劉宋天竺三藏法師求那跋陀羅譯”。版心刊版片號。卷二有刻工：章倚。

求那跋陀羅(394—468)，中天竺人，家族世信婆羅門教，出家信佛，人稱摩訶衍。南朝宋元嘉十二年(435)抵華，翻譯多種佛經，如《雜阿含經》五十卷、《大法鼓經》二卷、《相續解脱經》二卷、《楞伽經》四卷等。

此爲早期如來藏經典之一，敘述身爲外道的央掘魔羅，受邪師指點殺人，後在釋迦牟尼佛度化下，皈依佛教的故事，旨在傳佈衆生皆具如來藏佛性的思想。中國歷代經録著録，歷代大藏經收録。

央掘魔羅經卷第一　　量一

劉宋天竺三藏法師求那跋陀羅譯

如是我聞一時佛住舍衛國祇樹給孤獨園爾時世尊與無量菩薩摩訶薩俱及四部衆無量諸天龍神夜叉乾闥婆迦樓羅緊那羅摩睺羅伽毗舍遮負多伽那阿磋羅檀那婆王日月天子阿脩羅及諸羅剎護世主四天王魔天等俱爾時世尊廣說妙法度脫衆生名曰執劍大方廣經初中後善究竟顯示善義善味純一滿淨具足清白梵行之相說斯經已舍衛城北去城不遠彼處有村村名薩那有一貧窮婆羅門女名跋陀羅女生一子

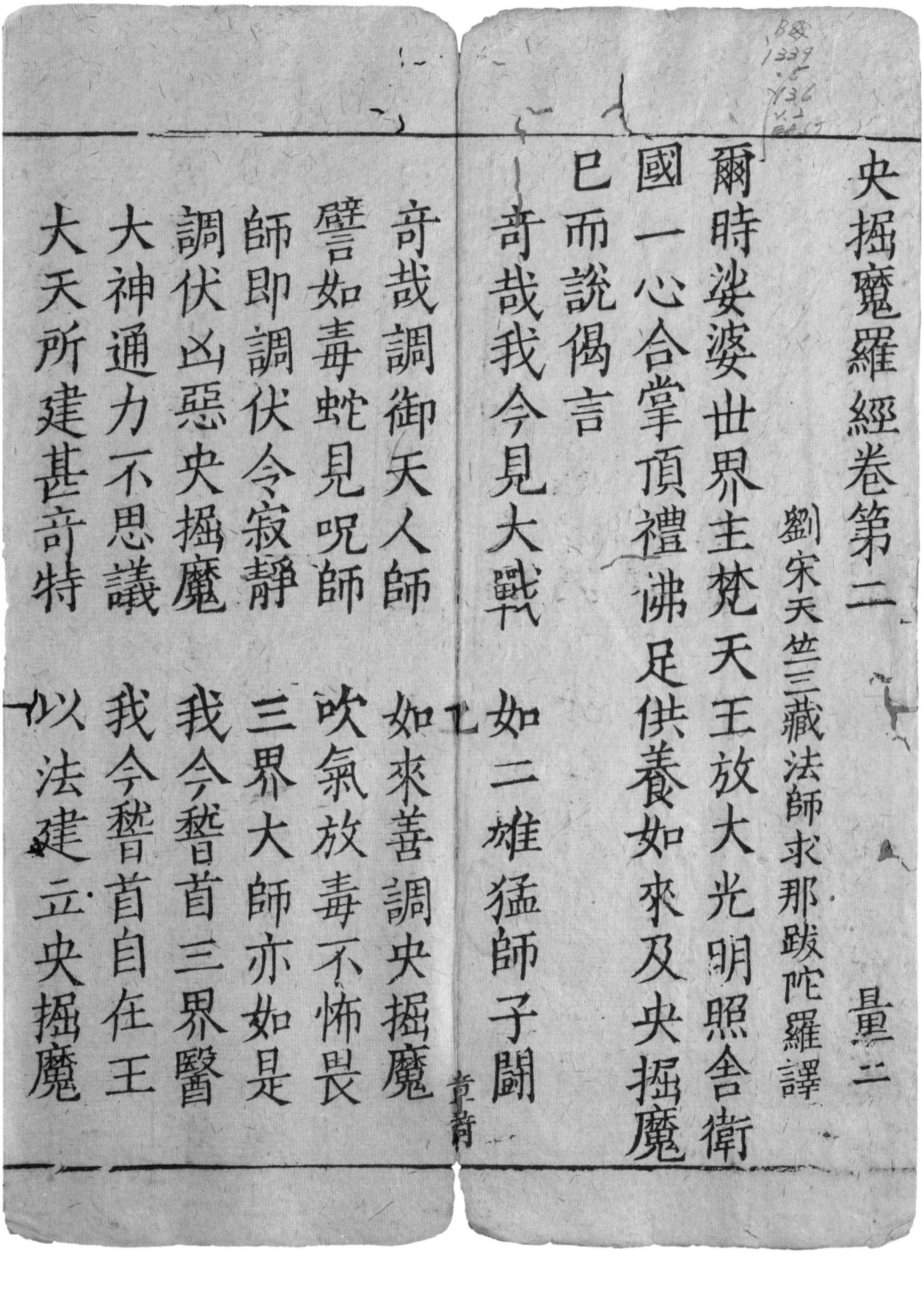

央掘魔羅經卷第二　量二

劉宋天竺三藏法師求那跋陀羅譯

爾時娑婆世界主梵天王放大光明照舍衛
國一心合掌頂禮沸足供養如來及央掘魔
已而說偈言

奇哉我今見大戰　如二雄猛師子鬬
奇哉調御天人師　如來善調央掘魔
譬如毒蛇見呪師　吹氣放毒不怖畏
師即調伏令寂靜　三界大師亦如是
調伏凶惡央掘魔　我今稽首三界醫
大神通力不思議　我今稽首自在王
大天所建甚奇特　以法建立央掘魔

央掘魔羅經卷第三　量三

劉宋天竺三藏法師求那跋陀羅譯

爾時佛告央掘魔羅：云何爲一學？央掘魔羅以偈答言（學梵本云式叉，式叉譯云隨順無違，亦云學，即今所謂戒也）：

一切衆生命　皆由飲食住　是則聲聞乘
斯非摩訶衍　所謂摩訶衍　離食常堅固
云何名爲一　謂一切衆生　皆以如來藏
畢竟恒安住
云何名爲二　所謂名與色　是則聲聞乘
斯非摩訶衍　名及色異種　聲聞緣覺乘
解脱唯有名　不說有形色　一切諸如來
解脱有妙色　猶如於掌中　觀視菴羅果

出曜經三十卷存卷十八

宋靖康元年(1126)至紹興二年(1132)兩浙路湖州王永從兄弟一家施刻思溪藏本。經折裝,一册,有秩號“殿”,爲樂品第三十一。

本卷首尾殘,存第十六版至第二十四版、第二十八版至第三十版,每版五半葉,半葉六行,行十七字。版框高24.9釐米。每版端刊版片號,有刻工:吉彦。

《出曜經》三十卷三十四品,罽賓僧伽跋澄造,姚秦竺佛念譯,道嶷筆録,和、碧二師等校訂。中國歷代大藏經及經録收録。僧伽跋澄,意譯衆現,北印度罽賓國人。善誦《阿毗曇毗婆沙論》,苻秦建元十七年(381)入長安,翻譯《阿毗曇毗婆沙論》、《僧伽羅刹集經》等。竺佛念,凉州(今甘肅武威)人,兼解華戎音義,協助僧伽跋澄、曇摩難提譯《婆須蜜經》、《增一阿含經》、《中阿含經》、《菩薩瓔珞經》十二卷、《十住斷結經》十卷、《出曜經》二十卷、《菩薩處胎經》五卷、《中陰經》二卷等。

《出曜經》又稱《出曜論》,以譬喻、寓言之方式説解教義,由偈頌和寓言故事組成。“出曜”又名“法句”,此經亦爲《法句經》之譬喻集,其中所載偈頌,與《法句經》一致,據《大毗婆沙論》卷一、《俱舍論》卷二等所載,爲法救菩薩所作。

鈐“春翠文庫”朱文方印。

受生老也

出曜經樂品第三十一

勝則怨滅　負則自鄙　息則使樂　無勝負心

勝則怨滅負則自鄙如彼怨家晝夜伺察彼人於彼有大怨嫌從世至世不捨罪如是經歷數百千身執怨乃息負者自鄙是故說曰

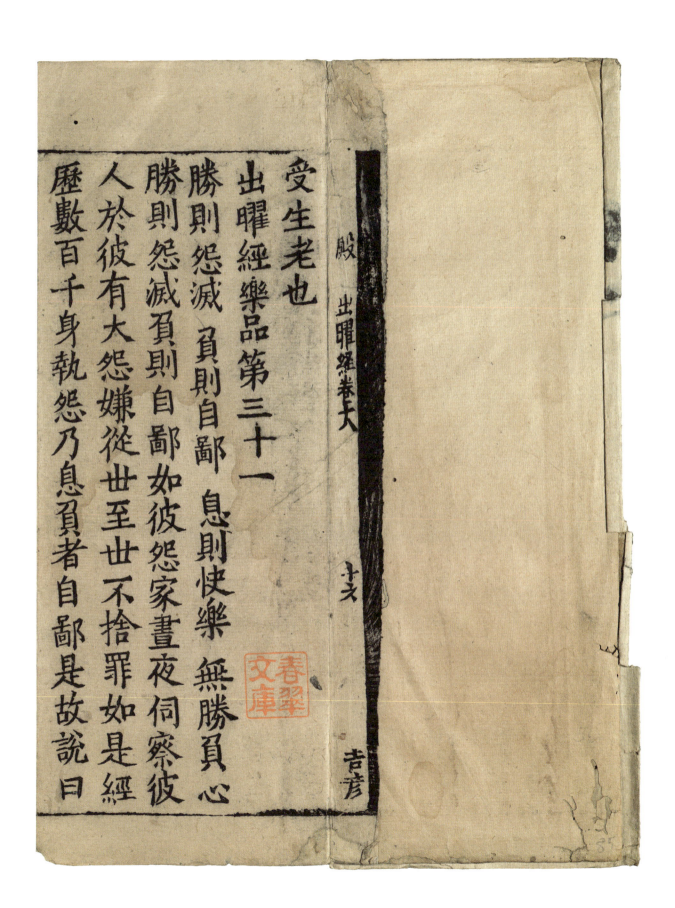

緣生初勝分法本經上下二卷存卷上

宋元豐八年(1085)福州東禪等覺禪院刻崇寧萬壽大藏經本。經折裝,一册,有秩號“身”。

本卷每版六半葉,半葉六行,行十七字。版框高24.6釐米,寬11.2釐米。卷端刊發願題記:“福州東禪等覺院住持傳法慧空大師沖真等謹募衆緣,恭爲今上皇帝、太皇太后、皇太后、皇太妃祝延聖壽,國泰民安。開鏤《大藏經》印板一副,總計五百函,仍勸一萬家助緣。有頌云:東君布令思無涯,是處園林盡發花。無限馨香與和氣,一時散入萬人家。元豐八年乙丑歲五月日題。”次後爲《緣生經并論序》,再次刊首題經名:“緣生初勝分法本經卷上。”尾題:“緣生初勝□法本經□上。”首題後刊“隋天竺三藏法師達磨笈多譯”。版心刊版片號,有刻工:葉平、昌、亮。書末有“鄭寧印造”黑色長方戳記。

達磨笈多,又作達磨崛多、笈多,意譯法密、法藏。南印度羅囉國人,隋開皇十年(590)入京,先後居大興善寺、上林園翻經館譯經。《續高僧傳》卷二謂其譯經“義理允正,華質顯暢”。譯有《無所有菩薩經》四卷、《護國菩薩經》二卷、《佛華嚴入如來不思議境界經》二卷、《大集譬喻王經》二卷、《移識經》二卷、《法矩陀羅幾經》二十卷、《起世經》十卷、《大方等大集菩薩念佛三昧經》十卷、《菩提資振論》六卷、《金剛般若經論》二卷、《攝大乘論釋》十卷等多種。

本册爲《分別緣起初勝法門經》之同本異譯。《分別緣起初勝法門經》二卷,唐玄奘法師譯,沙門大乘詢筆録。專論十二因緣之首的無明。中國歷代經録著録,歷代大藏經收録。

鈐“三聖寺”朱文圓印。

衮州東禪寺與[illegible]傳法慧空[illegible]真等謹募[illegible]
今上皇帝、太皇太后、皇太后、皇太妃祝延　聖壽國泰民安
開鏤大藏經印板一副總計五百餘卷仍勸万家助緣有頌　衆善希今恵無
涯是處園林盡發花無限馨香與和氣一時散入万人家元豐八年乙丑歲五月日題

緣生經并論序　　身
原是一心積爲三界凝流漫遠若樹欝高欲
討其際難測其本理極實相之門筌窮假名
之域五因七果十有二分緣生之法揔備於
此凡則迷而起妄聖則悟以通真下似兔浮
上如象度大哉妙覺淵乎洞盡十地與雙林
俱暢閻域共稻芊咸敷至若此經獨包彼例
彼所未說此乃具演舉緣爲首對治爲末揔
則一十一問別則百二十問其旨幽而密其

法本上卷

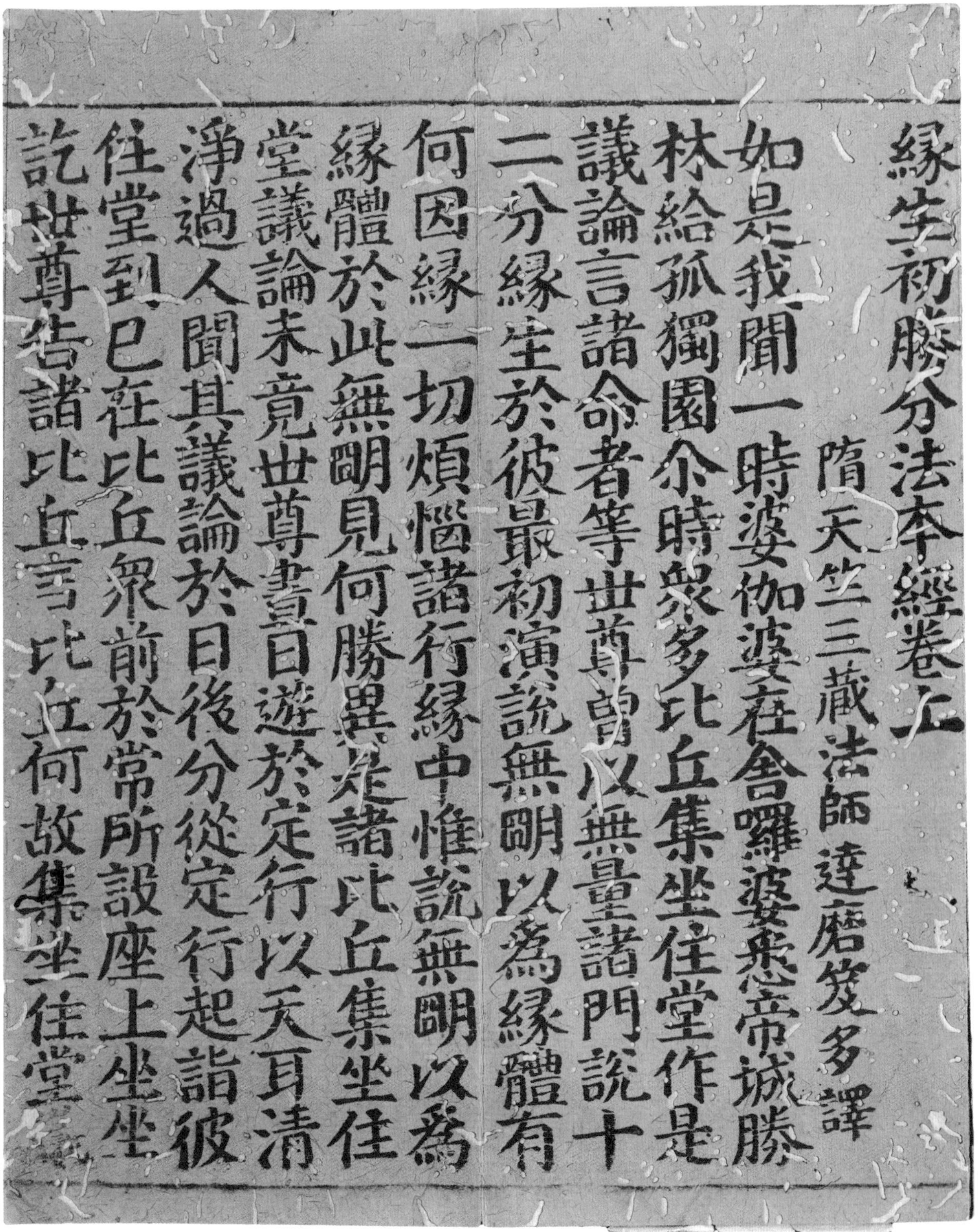
緣生初勝分法本經卷上

隋天竺三藏法師達磨笈多譯

如是我聞一時婆伽婆在舍囉婆悉帝城勝
林給孤獨園尒時衆多比丘集坐住堂作是
議論言諸命者等世尊曾以無量諸門說十
二分緣生於彼最初演說無明以爲緣體有
何因緣一切煩惱諸行緣中惟說無明以爲
緣體於此無明見何勝異是諸比丘集坐住
堂議論未竟世尊晝日遊於定行以天耳清
淨過人聞其議論於日後分從定行起詣彼
住堂到已在比丘衆前於常所設座上坐坐
訖世尊告諸比丘言比丘何故集坐住堂

不相著而作緣若到根熟言詞盡時互相著作
緣應知比丘白佛大德若世尊曾於共因共
緣共由法門之中因渴愛故說業於中是何
密意佛言比丘有之所攝業者因渴愛故說
此是密意比丘白佛大德因以何義可見緣
以何義可見由以何義可見佛言比丘安置
後生處種子故因義可見決定住持彼生轉
出故緣義可見死已出向生處與生故生義
可見比丘白佛大德緣生者是何句義佛言
比丘各自有緣同聚相續故此諸分生

緣生初勝 上

鄭寧印造

説無垢稱經六卷存卷五

宋靖康元年(1126)至紹興二年(1132)兩浙路湖州王永從兄弟一家施刻思溪藏本。經折裝,一册,有秩號"白",含香臺佛品第十、菩薩行品第十一。

本卷每版五半葉,半葉六行,行十七字。版框高24.5釐米。卷端題經名:"説無垢稱經卷第五。"尾題同。次行題"唐三藏法師玄奘奉[詔譯]"。末附音義。每版端刊版片號。

《説無垢稱經》,中國歷代大藏經及經録收録,唐釋玄奘譯,《維摩詰經》之異名。《維摩詰經》,又名《維摩詰所説經》、《净名經》、《不可思議解脱經》,三卷十四品。有鳩摩羅什譯、吴支謙譯等多種譯本,玄奘譯本稱《説無垢稱經》。"維摩詰"又譯"維摩羅詰"、"毗摩羅詰","維摩羅"意爲"净名"、"無垢","詰"即"稱"。《説無垢稱經》叙述毗耶離城居士維摩詰虔誠修行,雖然家財萬貫,但處相而不住相,終得聖果,通過他與文殊師利等人共論佛法,闡揚大乘般若性空的思想。

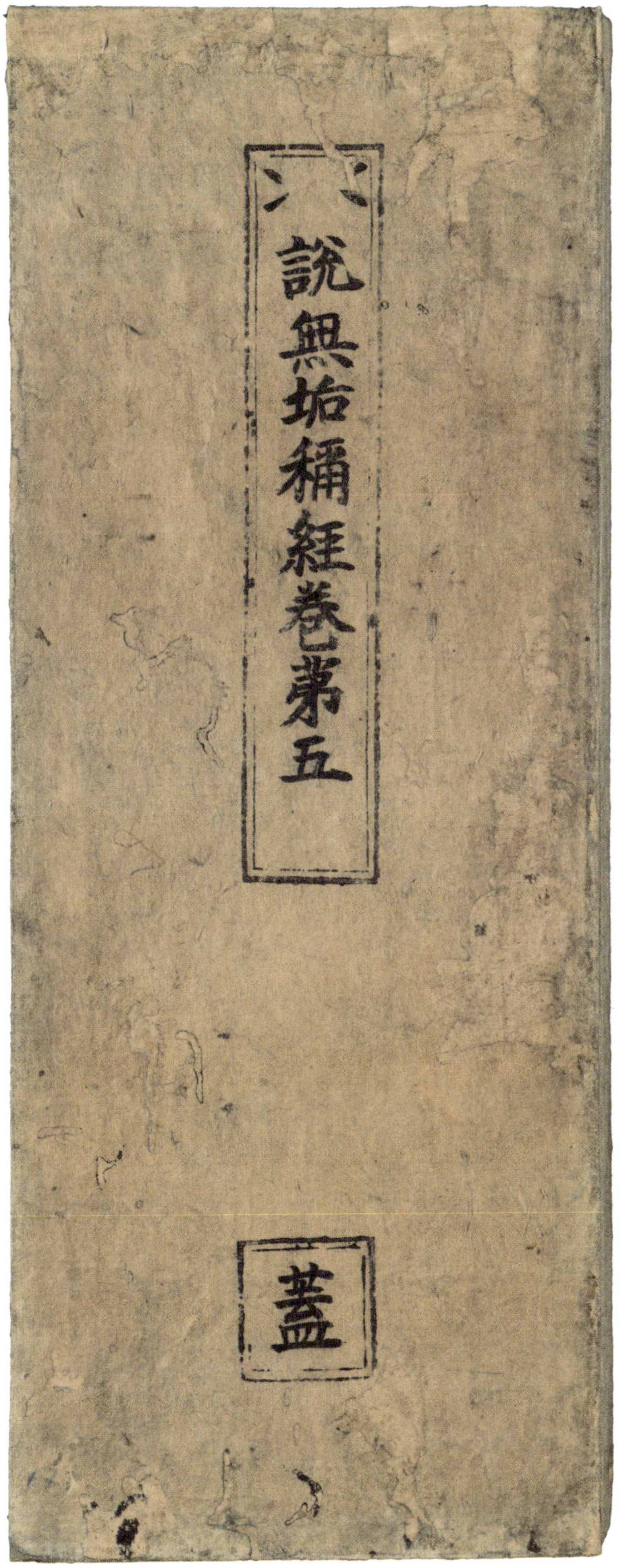
說無垢稱經卷第五
蓋

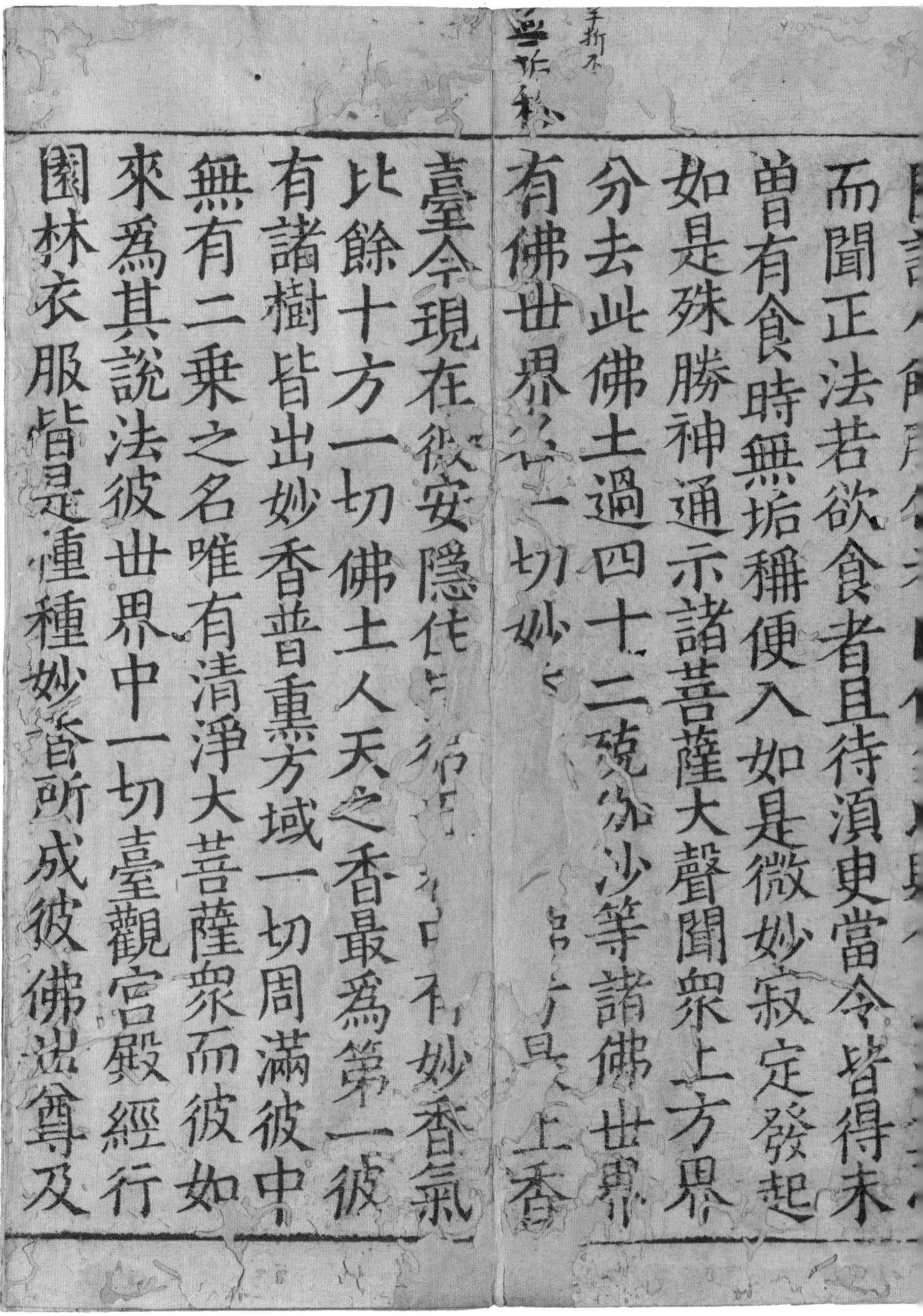

而聞正法若欲食者且待須臾當令皆得未
曾有食時無垢稱便入如是微妙寂定發起
如是殊勝神通示諸菩薩大聲聞衆上方界
分去此佛土過四十二殑伽沙等諸佛世界
有佛世界名一切妙[illegible]號[illegible]上香
臺今現在彼安隱住[illegible]中有妙香氣
比餘十方一切佛土人天之香最爲第一彼
有諸樹皆出妙香普熏方域一切周滿彼中
無有二乘之名唯有清淨大菩薩衆而彼如
來爲其説法彼世界中一切臺觀宮殿經行
園林衣服皆是種種妙香所成彼佛世尊及

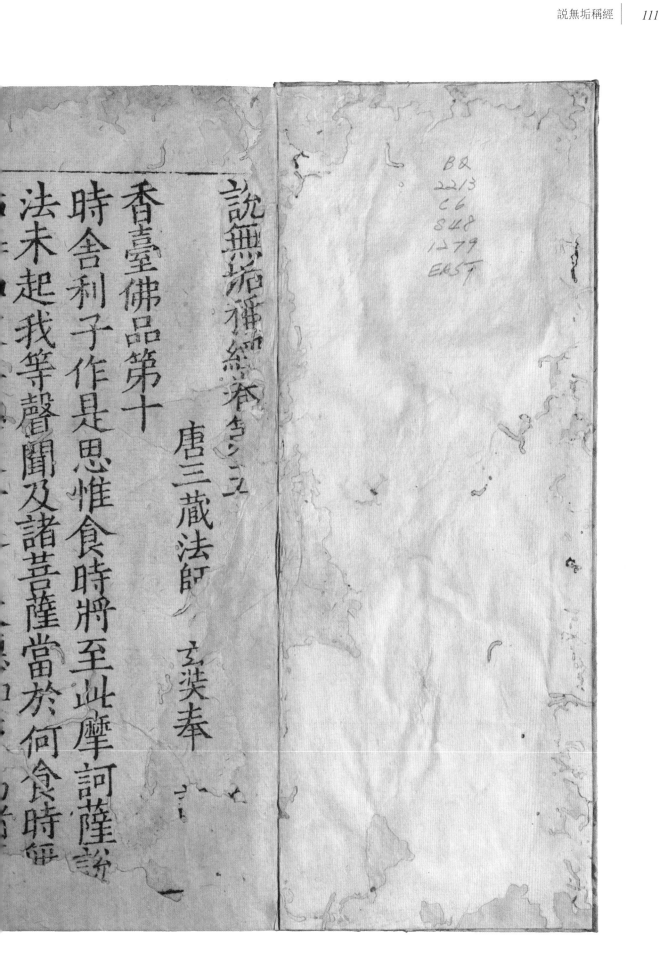

說無垢稱經卷第五

唐三藏法師玄奘奉詔譯

香臺佛品第十

時舍利子作是思惟食時將至此摩訶薩說

法未起我等聲聞及諸菩薩當於何食時無

一

大威德陀羅尼經二十卷存卷十六

元平江路磧砂延聖寺刻大藏經本。經折裝，一册，有秩號“恃六”。

本卷每版五半葉，半葉六行，行十七字。版框高24.3釐米，寬11.5釐米。卷端刊經名：“大威德陀羅尼經卷第十六”，尾題同。次行題“隋北天竺三藏法師闍那崛多等譯”，有刻工名：蘇潤、蘇、潤、閏、王。卷首有佛説法圖，人物神情形態各異，綫條精細。卷末有手寫行楷二行：“天竺山入法海按閲大藏比丘道果，法號無爲，侍俸子得秀、覺詵，嘉靖四年正月二十九日看念《大威德陀羅尼經》。”

闍那崛多，隋代僧人，一生翻譯多種佛經，如《不空罥索咒經》、《十二佛名神咒經》、《一向出生菩薩經》、《金剛場陀羅尼經》、《如來方便善巧咒經》、《東方最勝燈王如來經》、《大法炬陀羅尼經》、《五千五百佛名經》、《八佛名號經》等。

此經爲佛教密宗經典。陀羅尼，意譯爲總持、能持、能遮，此經乃佛爲阿難説陀羅尼之法本。中國歷代大藏經及經録收録。

BQ
8912
.3
D3
1368
EAST

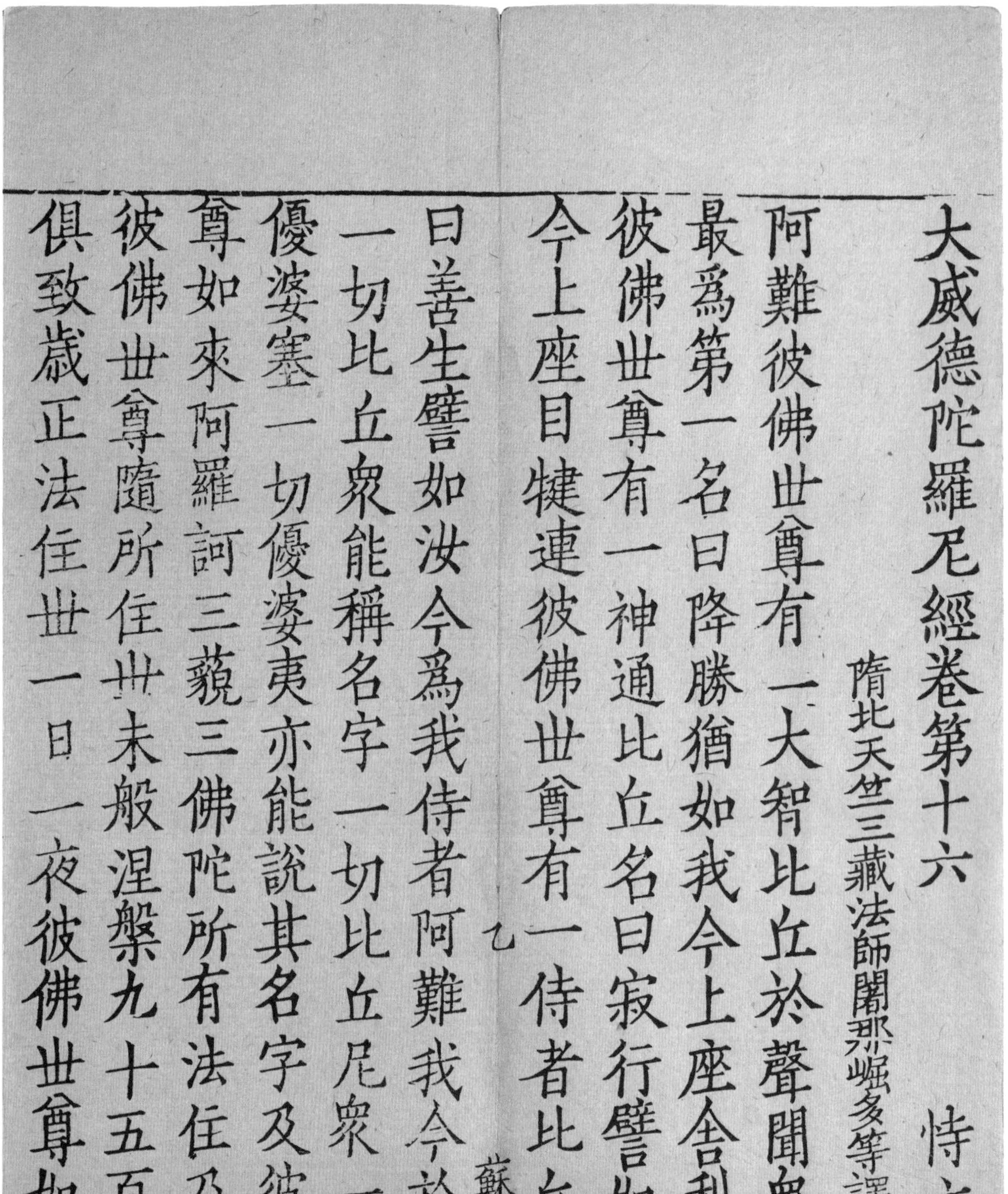

大威德陀羅尼經卷第十六　　侍六

隋北天竺三藏法師闍那崛多等譯

阿難彼佛世尊有一大智比丘於聲聞衆中最爲第一名曰降勝猶如我今上座舍利弗彼佛世尊有一神通比丘名曰寂行譬如我今上座目揵連彼佛世尊有一侍者比丘名

乙　蘇潤刊

曰善生譬如汝今爲我侍者阿難我今於彼一切比丘衆能稱名字一切比丘尼衆一切優婆塞一切優婆夷亦能說其名字及彼世尊如來阿羅訶三藐三佛陀所有法住乃至彼佛世尊隨所住世未般涅槃九十五百千俱致歲正法住世一日一夜彼佛世尊如來

天竺山入法海披閱大藏比丘道果法号無為侍俸子

得秀

覺詵

嘉靖四年正月二十九日看念大威德陀羅尼經

阿毗達磨大毗婆沙論二百卷存卷一百五十六

元至元十四年（1277）至二十七年（1290）杭州路南山大普寧寺刻大藏經本。經折裝，一册，有秩號"情六"，含根蘊第六中一心納息第五之二、根蘊第六中魚納息第六、根蘊第六中因緣納息第七。

本卷每版五半葉，半葉六行，行十七字。版框高24.6釐米。卷端題經名："阿毗達磨大毗婆沙論卷第一百五十六。"卷尾題經名："説一切有部發智大毗婆沙論卷第一百五十六。"首題次行題："五百大阿羅漢等造，三藏法師玄奘奉詔譯。"版心刊版片號，未見刻工。卷尾墨書："施入法華寺，時顯"，曾爲日本奈良法華寺收藏。

《阿毗達磨大毗婆沙論》，又名《大毗婆沙論》，簡稱《婆沙論》，二百卷，北印度五百大阿羅漢等造。中國歷代經録著録，歷代大藏經收録。

玄奘於印度齎歸此經，自顯慶元年（656）始，於長安大慈恩寺翻經院翻譯此論，至顯慶四年（659）於西明寺翻譯完畢，沙門嘉尚、大乘光等筆受。小乘佛教説一切有部基本經典，彙集有關迦多衍尼子《阿毗達磨發智論》之多種詳細論釋。《阿毗達磨發智論》，有部教義代表作，與《集異門足論》、《法蘊足論》、《施設足論》、《識身足論》、《品類足論》、《界身足論》并爲有部七論，爲有部學人競相解説。其中《發智論》之多種義解的結集，即爲《大毗婆沙論》，分八蘊（篇章），每蘊分若干納息（品），逐一説解《發智論》八篇四十三品，并薈萃衆説、標舉宗義，彙集了説一切有部之教理。其譯本，尚有苻秦僧伽跋澄之節本十四卷，題名《鞞婆沙論》，以及北凉浮陀跋摩、道泰之節本六十卷，題名《阿毗曇毗婆沙論》，而玄奘所譯二百卷乃現存唯一全本，題名《阿毗達磨大毗婆沙論》。

鈐"月明莊"長方朱印。

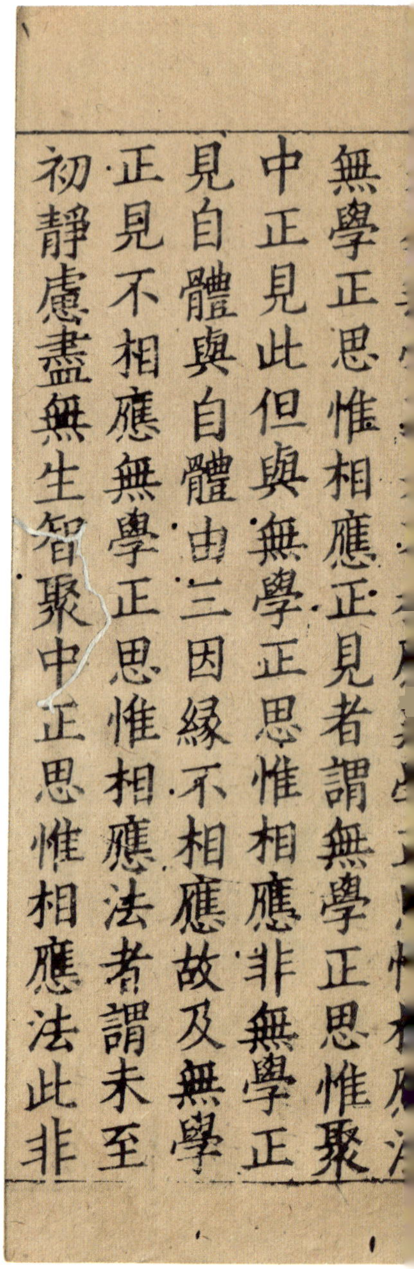
無學正思惟相應正見者謂無學正思惟聚
中正見此但與無學正思惟相應非無學正
見自體與自體由三因緣不相應故及無學
正見不相應無學正思惟相應法者謂未至
初靜慮盡無生智聚中正思惟相應法此非

阿毗達磨大毗婆沙論卷第一百五十六　情六

五百大阿羅漢等造　三藏法師玄奘奉　詔譯

根蘊第六中一心納息第五之二

諸法無學正見相應彼法無學正思惟相應耶答應作四句此中無學正見一切地可得非一切無漏心無學正思惟一切無漏心可得非一切地是故得作大四句有法無學正見相應非無學正思惟謂無學正見相應正思惟及無學正思惟不相應無學正見相應法無學正見相應正思惟者謂無學正見聚中正思惟此但與無學正見相應非無學正思惟自體與自體由三因緣不相應故一無二自性俱起故二前後刹那不並故三諸法不觀自體與他爲緣故及無學正思惟不相應無學正見相應法者謂靜慮中間上三靜慮下三無色無學正見相應法此非無學正思惟相應彼地無正思惟故有法無學正思

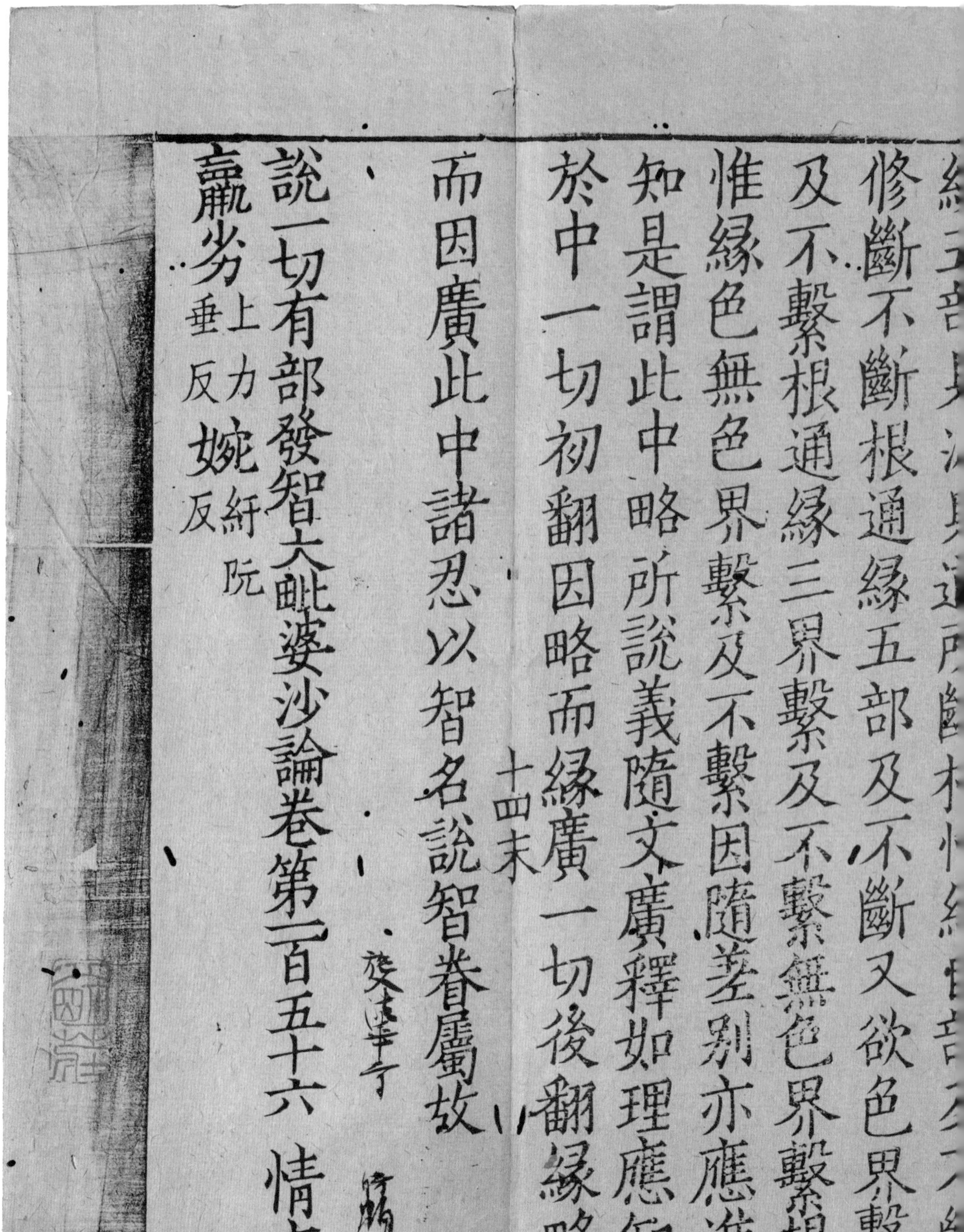

緣三部見滅見道所斷[illegible]
修斷不斷根通緣五部及不斷又欲色界繫
及不繫根通緣三界繫及不繫無色界繫根
惟緣色無色界繫及不繫因隨差別亦應准
知是謂此中略所說義隨文廣釋如理應知
於中一切初翻因略而緣廣一切後翻緣略
而因廣此中諸忍以智名說智眷屬故
十四末
說一切有部發智大毗婆沙論卷第一百五十六　情六
羸劣上力垂反　婉紆阮反

諸根因過去彼根緣過去耶如是等章及解章義既領會已當廣分別問何故作此論荅爲止撥無去來二世及撥無因緣者意乃至廣說故作斯論此中依二緣作論謂因緣所緣緣問何故不依餘二緣作論耶荅等無間緣惟一剎那增上緣通一切法若依彼作論

則文義俱不婉博故此但依二緣作論此中應作略毗婆沙謂二十二根中十四有所緣八無所緣有所緣中五識身相應品過去緣過去現在緣現在未來生法緣未來不生法緣三世意識身相應品隨在何世若生不生皆緣三世及無爲法又見苦見集所斷根通

廣百論釋論十卷存卷九

元至元十四年(1277)至二十七年(1290)杭州路南山大普寧寺刻大藏經本。經折裝，一册，有秩號"競九"，爲破有爲相品第七。

本卷每版五半葉，半葉六行，行十七字。版框高24.4釐米。卷首題經名："廣百論釋論卷第九。"卷尾殘，無尾題。首題次行題："聖天菩薩本，護法菩薩釋，三藏法師玄奘奉制譯。"版心刊版片號，有刻工：郁、八思巴文刻工名。

《廣百論釋論》，又稱《廣百論釋》、《廣百論》、《大乘廣百論釋論》，十卷，唯識派護法菩薩著，係對中觀派聖天菩薩所造《廣百論》之注釋，唐玄奘法師譯，沙門敬明等人筆受。中國歷代經録著録，歷代大藏經收録。護法菩薩，音譯達磨波羅，屬古印度大乘佛教瑜伽派，爲印度佛教"六莊嚴"之一，主要著作有《成唯識寶生論》、《廣百論釋》、《觀所緣論釋》。聖天菩薩，音譯提婆，屬古印度大乘佛教中觀派，著有《四百論》，共十六品，其後八品之中譯即《廣百論本》。

本書融合唯識、中觀二學派之思想，聖天菩薩宣傳空性空義之中觀學説，破斥常、我、時、見、根和境、邊執、有無相等理論，護法菩薩據瑜伽唯識理論進行論釋，既説中觀之真諦空，亦説唯識之俗諦有。全書共八品，每品偈頌二十五首。

廣百論釋論卷第九　　競九

聖天菩薩本　護法菩薩釋　三藏法師玄奘奉制譯

破有爲相品第七

復次已別分別根境無我今當揔辯有爲相空謂色心等諸有爲法具生住滅三有爲相生爲首故先當破生生相既亡住滅隨遣有說果體本無而生爲破彼言故說頌曰

若本無而生　先無何不起

論曰種等諸因至變壞位能引芽等諸果令生若諸因中本無諸果何故芽等此位方生後位如先果應不起先位如後果亦應生又從此因應生彼果或應此果從彼因生若此

法華文句十卷存卷三

宋刻本，經折裝，一册。

每版六半葉，半葉六行，行十九字。版框高24.3釐米。版心有“文句”字樣。首尾題缺，版心刊版片號：“文句三，（版序），（刻工）。”有刻工：舜、保、寔、仲、英。“殷”避諱缺筆，歐體字。首尾俱殘。本卷首尾殘，存四至十、十八至二十八版。

《法華文句》，又稱《妙法蓮華經文句》、《法華經文句》，十卷，每卷各分上下，或作二十卷。天台大師智顗講説，門人灌頂筆記。中國歷代經録著録，北宋仁宗敕賜天台教典入藏，《法華文句》或被收入大藏。

智顗(538—597)，俗姓陳，字德安。祖籍潁川(今河南許昌)，荆州華容（今湖北潛江西南）人，世稱“智者大師”，創立天台宗。父陳起祖被梁元帝封益陽縣開國侯，梁亡父母去世，從長沙果願寺法緒出家，詣慧曠律師學律，後從慧思禪師習禪，年三十一受請瓦官寺開講《法華經》，一生造寺三十六所。其著述大部分爲門人灌頂筆記，少部分爲親自撰録，建立了天台一宗之規範。主要著作有《法華經玄義》、《法華經文句》、《摩訶止觀》，世稱“天台三大部”；以及《觀音玄義》、《觀音義疏》、《金光明經文句》、《金光明經玄義》、《觀無量壽佛經疏》，世稱“天台五小部”。

本經是智顗闡發鳩摩羅什所譯《妙法蓮華經》思想的重要著述，乃法華三大部之一。智顗於陳禎明元年（587）講於金陵光宅寺，不採用《法華玄義》解釋經題的做法，而是以其獨創的因緣、約教、本跡、觀心四種方式，詳細解釋《法華經》結構和字句，將其二十八品分爲本、跡二門，本、跡二門又各有序、正、流通三分。其中多有論破他師之説。

鈐“三聖寺”朱文圓印。

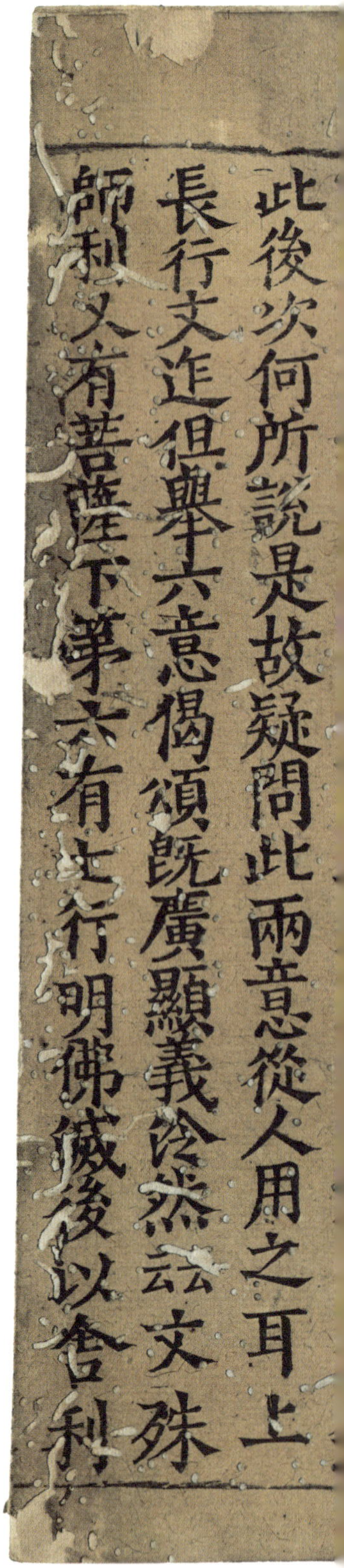
此後次何所説是故疑問此兩意從人用之耳上
長行文迮但舉六意偈頌既廣顯義泠然云文殊
師利又有菩薩下第六有七行明佛滅後以舍利

可對而論般若也或可用此三番般若成上見他
土說方等中六度或可別擬他土說方等後明大
品教盛譚般若寂滅無二清淨不著此彼同也或
可說寂滅法是方等中意觀諸法性猶如虛空是
般若意正是歷法作觀法相無二此義實與大品
相會若作彼土見法華意者以此妙慧求無上道
一行是也但見脩妙慧人不見法華妙慧座席若

之心而判大事故言示諸佛土此非小緣文殊伏
難既窮謙光亦止後一偈結請荅也此四伏難光
宅受於次師次師受於江北剣師既是先賢文外
巧思今用之從是時文殊師利語彌勒下訖偈名
荅問序有長行偈頌長行文爲四一從語彌勒下
名惟忖荅二從善男子我於過去下名略曾見荅
三從諸善男子如過去下名廣曾見荅四從今見
此瑞與本無異下名分明判荅夫以下測上止可
罔像上度惟昔儔今不可頓決所以初從髣髴次
引略見略見未周更引廣見以多證一爾乃分判
惟忖荅荅上比土問略曾見荅荅此他土問廣曾

伏難者因正請生請云佛子文殊願決衆疑文殊
仍此起初伏難汝云衆疑衆未曾疑若疑應問衆
既不疑我何所決彌勒即以第一偈釋六四衆欣
仰瞻仁及我及我欲令我問瞻仁欲得仁荅文殊
因此起第二難衆同有疑不易可荅待佛出定然
後決疑彌勒即用第二偈釋若有疑在懷憂兒不
泰應以時荅復知如來何時起定故言佛子時荅
決疑令喜文殊因此起第三難我與仁者同居學
地欲測佛意微共籌量獨令我荅於理不可彌勒
即以第三偈釋我亦微心下思踟躕兩盈爲說妙
法爲當授記故言佛坐道場所得妙法爲欲說此

法華玄義釋籤十卷存卷一

宋刻本，經折裝，一册。

本卷每版六半葉，半葉六行，行二十三字。版框高24.3釐米。首有“釋籤緣起序”，題“君山除饉男普門子屬辭”，“普”字下殘損。正文卷端刊：“法華玄義釋籤卷第一。”次行題：“天台沙門湛然述。”版心刊版片號：“釋籤一，（版序），（刻工）。”有刻工：陳忻、陳英、忻、英。“玄”、“弘”、“貞”避諱缺筆。卷内多處殘損，卷尾殘甚，尾題存“卷第一”。卷末有題記，殘存“觀音教寺”幾字。

《法華玄義釋籤》，又稱《天台法華玄義釋籤》、《法華釋籤》、《玄義釋籤》、《玄籤》、《釋籤》、《妙法蓮華經玄義釋籤》，十卷，每卷分上下，或以二十卷流傳。本件不分上下，即爲十卷本。中國歷代經録著録，北宋仁宗敕賜天台教典入藏，本件“釋籤”或被收入大藏。

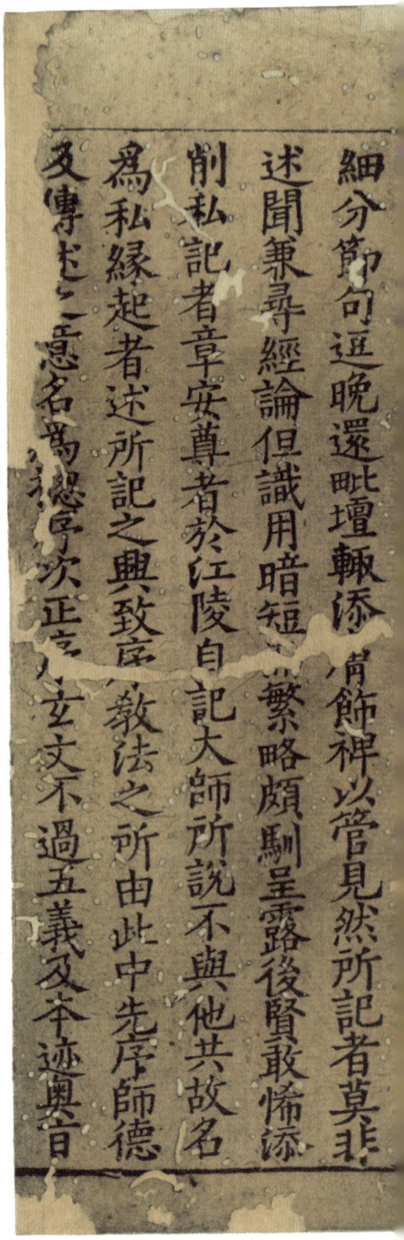

《法華玄義釋籤》，唐釋湛然撰。湛然（711—782），俗姓戚，常州晋陵荆溪（今江蘇宜興縣）人。年十七始遊歷訪學，先後從金華方岩、左溪玄朗習經，年三十八出家於宜興君山鄉净樂寺，後從曇一習律。著述豐富，有《法華玄義釋籤》二十卷、《法華文句記》三十卷、《摩訶止觀輔行傳弘決》四十卷等，遍注天台宗基本理論，深化圓融三諦之説。被尊爲天台宗第九祖，稱爲“荆溪尊者”，又稱“妙樂大師”。再傳弟子最澄開創日本天台宗。李華、梁肅等人亦出湛然門下。

《法華玄義釋籤》乃箋釋《法華玄義》之作。《法華玄義》，天台三大部之一，隋智顗説，灌頂筆録，以五重玄義釋讀《法華經》各標題，概説此經要旨。《法華玄義釋籤》分節釋讀《法華玄義》之意旨，先引本文，後解釋文旨字義，并對其中關節重點進行闡釋。

鈐“三聖寺”朱文圓印。

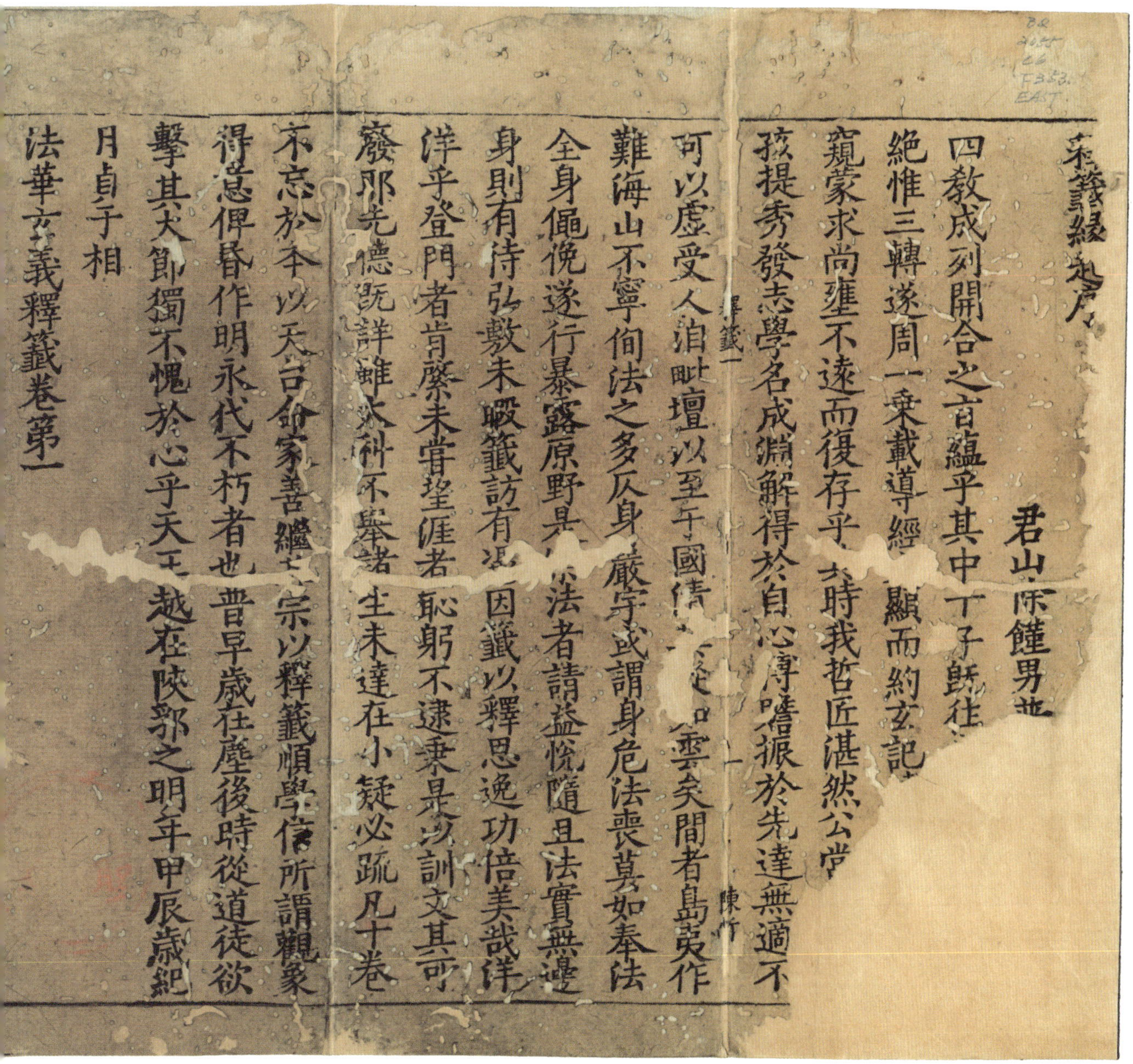

釋籤緣起序　　君山陳鏈男並
四教成列開合之旨蘊乎其中丁子既往
絕惟三轉遂周一乘載導經顯而約玄記
窺蒙求尚壅不遠而復存乎時我哲匠湛然公常
孩提秀發志學名成淵解得於自心導嗜振於先達無適不
釋籤一　　陳
可以虛受人洎毗壇以至于國清雲矣聞者島焉作
難海山不寧徇法之多亾身藏守或謂身危法喪莫如奉法
全身偪僥遂行暴露原野是法者請益愴隨且法實無邊
身則有待弘敷未暇籤訪有退因籤以釋思逸功倍美哉洋
洋乎登門者肯綮未嘗望涯者恥躬不逮秉是以訓文其可
廢邪先德既詳雖大科不舉諸生未達在小疑必疏凡十卷
不忘於本以天台命家善繼宗以釋籤順學徒所謂觀象
得意俾昏作明永代不朽者也昔早歲在塵後時從道徒欲
擊其大節獨不愧於心乎天王越在陝郛之明年甲辰歲紀
月貞于相
法華玄義釋籤卷第一

宗鏡録一百卷存卷四十三

元至元十四年（1277）至二十七年（1290）杭州路南山大普寧寺刻大藏經本。經折裝，一册，有秩號“綺三”。

本卷每版五半葉，半葉六行，行十七字。版框高24.3釐米，寬11.2釐米。卷首題經名：“宗鏡録卷第四十三。”尾題同。首題次行題：“慧日永明寺主智覺禪師延壽集。”卷末題：“徑山興聖萬壽禪寺首座沙門慧元重校。”版心刊版片號，有刻工：張。函套簽條題“元版，杭州大普寧寺版”。

宋釋延壽著，延壽（904—975），俗姓王，名延壽，字沖元，號抱一子，錢塘人。法眼文益之嫡孫，法眼宗三祖，先後住奉化雪竇寺、杭州靈隱寺、慧日山永明寺，人稱“永明延壽”大師，吴越忠懿王賜號“智覺禪師”，又被净土宗尊爲六祖，宋徽宗賜謚“宗照禪師”，清雍正帝加謚爲“圓妙正修智覺禪師”。

《宗鏡録》，又名《心鏡録》，以“舉一心爲宗，照萬法如鏡”爲旨，有感於當時禪宗“近代相承，不看古教，唯專己見，不合圓詮”以及“今時學者，全寡見聞，恃我解而不近明師，執己見而罔披寶藏”的狀況，“故茲遍録，以示後賢，莫踵前非，免有所悔”，纂集禪宗祖師言論和重要經論，綜合禪宗、天台宗、華嚴宗、法相宗四家學説，以呈現佛法精要。全書採用駢體文形式，第一卷前半標宗章，“先立正宗以爲歸趣”，乃總論；第一卷後半至第九十三卷問答章，“次申問答用去疑情”；第九十四卷以後引證章，“後引真詮成其圓信”。中國元代以下歷代經録著録，元代以下歷代大藏經收録。

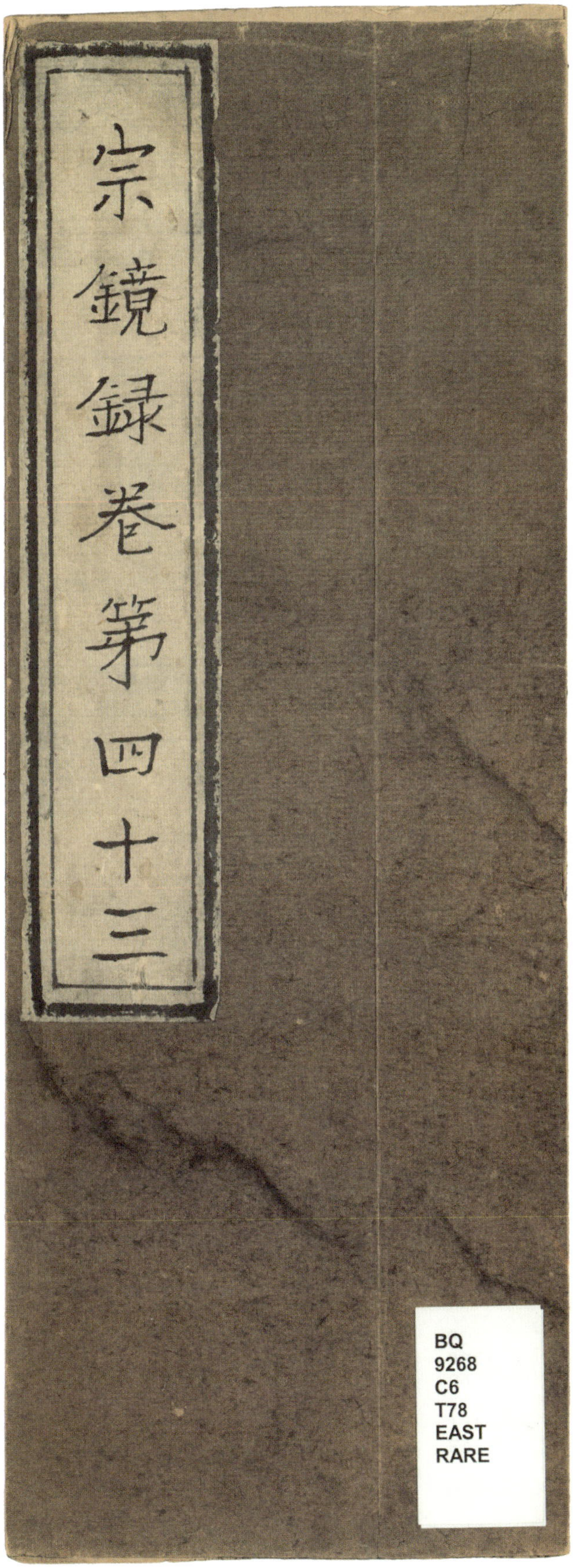
宗鏡録卷第四十三
BQ
9268
C6
T78
EAST
RARE

宗鏡録卷第四十三

綺三

慧日永明寺主智覺禪師　延壽　集

夫初祖西來唯傳一心之法二祖求緣慮不安之心不得即知唯一眞心圓成周徧當下言思道斷達磨印可遂得祖印大行迄至今日云何著於言說違背自宗義學三乘自有

乙　張

階等　荅前標宗門中已唯提大旨若決定信入正解無差則舉一例諸言思路絶竊見今時學者唯在意思多著言說但云心外無法念念常隨境生唯知口說於空步步恒遊有內只惣舉心之名字微細行相不知若論無量法門廣說窮劫不盡今所録者爲成前

明智與十方一切諸佛大用體同名爲衆會
故無邊差別智海一時等用不移根本智體
無依住智名爲親近我住初無移故

十五張

宗鏡録卷第四十三

綺三

刳苦姑反剖破　懵莫孔反心乱皃也　齩五巧反　誚才笑反責　隙綺戟反壁孔也　冕亡辯反冠冕　旒力求反丨丨也　痾烏何反病皃　鏬呼訝反孔丨也　裨府移反助也　驟鋤祐反奔也　駒舉朱反馬丨也　戮力竹反　膜慕各反肉膜　湍他端反急瀨也　瞪丈證反直視皃　捻奴協反指捻也　蚋而稅反蚊丨也　鷦即消反　鷯落蕭反　矬昨禾反丨短也　倣分兩反學也　躡尼輒反跆

徑山興聖萬壽禪寺首座沙門慧完重校

天目中峰和尚廣録三十卷存卷十二之下

元平江路磧砂延聖寺刻大藏經本。經折裝，一册，有秩號“弊六”，爲信心銘闢義解下。

本卷每版五半葉，半葉六行，行十七字。版框高24.1釐米。卷首有扉畫，右下角刊“陳昇畫”，左邊框上刊“白”字。卷首題經名：“天目中峰和尚廣録卷第十二之下”，尾題同。首題次行題：“參學門人北庭臣僧慈寂上進。”卷末刊“已上一卷信女陳氏善圓施財重刊”牌記。

《天目中峰和尚廣録》，又稱《中峰和尚廣録》，三十卷，元釋中峰明本著，門人北庭慈寂編。中峰明本，俗姓孫，錢塘（今浙江杭州）人。號中峰，又號幻住道人，世稱中峰明本、天目中峰，元代臨濟宗僧人，入天目山獅子院依高峰原妙出家。元仁宗賜號“佛慈圓照廣慧禪師”。主張佛性自身具足，參禪應透過生死，其思想對日本足利時代之禪宗多有影響。元代以下歷代經録著録，元以下歷代大藏經收録。

該書收録示衆、小參、拈古頌古、法語、書問、佛事、佛祖讚、自讚、題跋、山房夜話等内容，以及所作賦、記、序、説、箴、銘、文、疏、擬寒山詩等詩文，卷末附行録、塔銘、道行碑及“入藏并封號國師表”等。主張融合諸説，禪净合一、教禪不二。

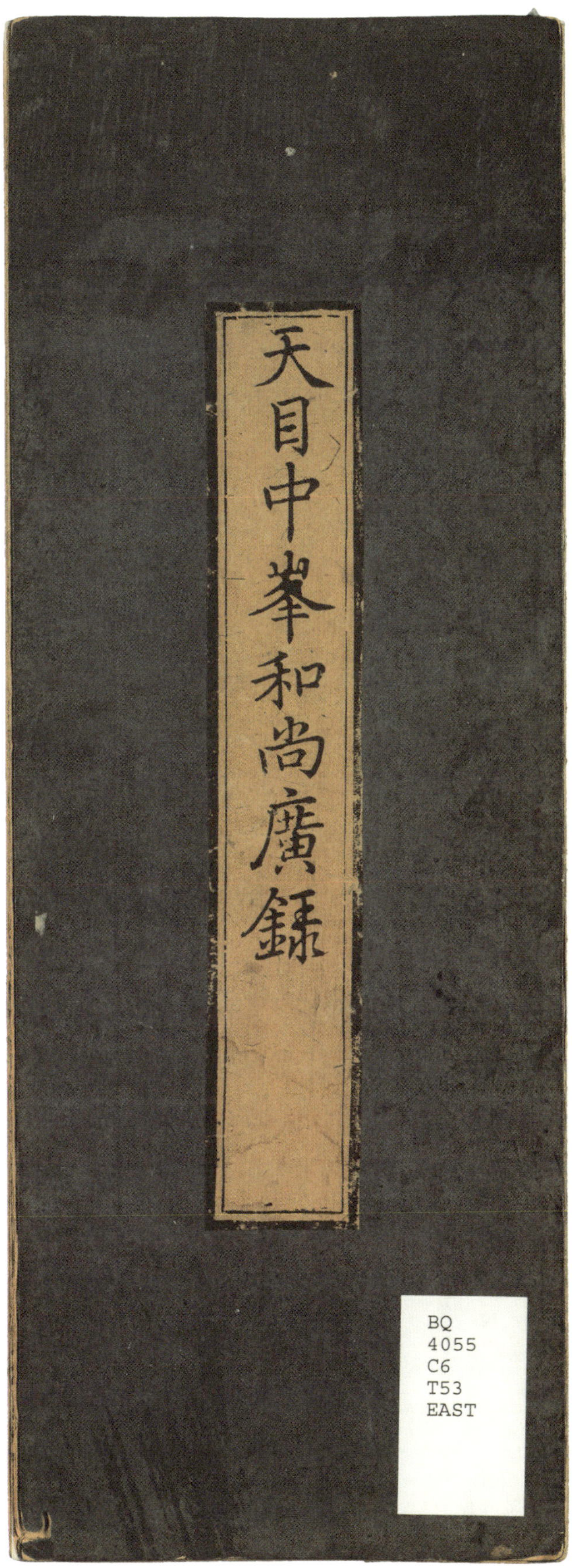
天目中峯和尚廣錄
BQ
4055
C6
T53
EAST

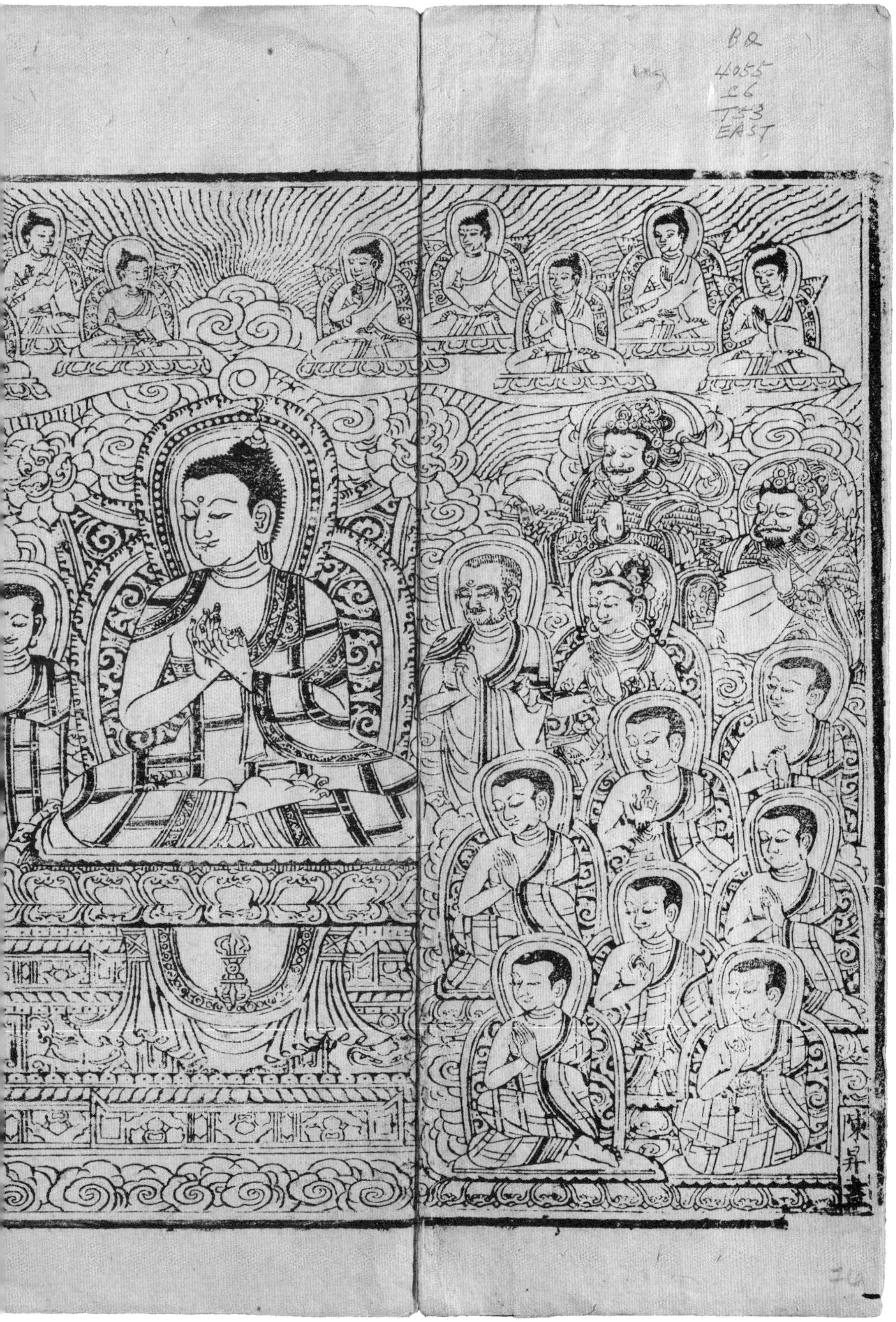
BQ
4055
C6
T53
EAST
陳昇

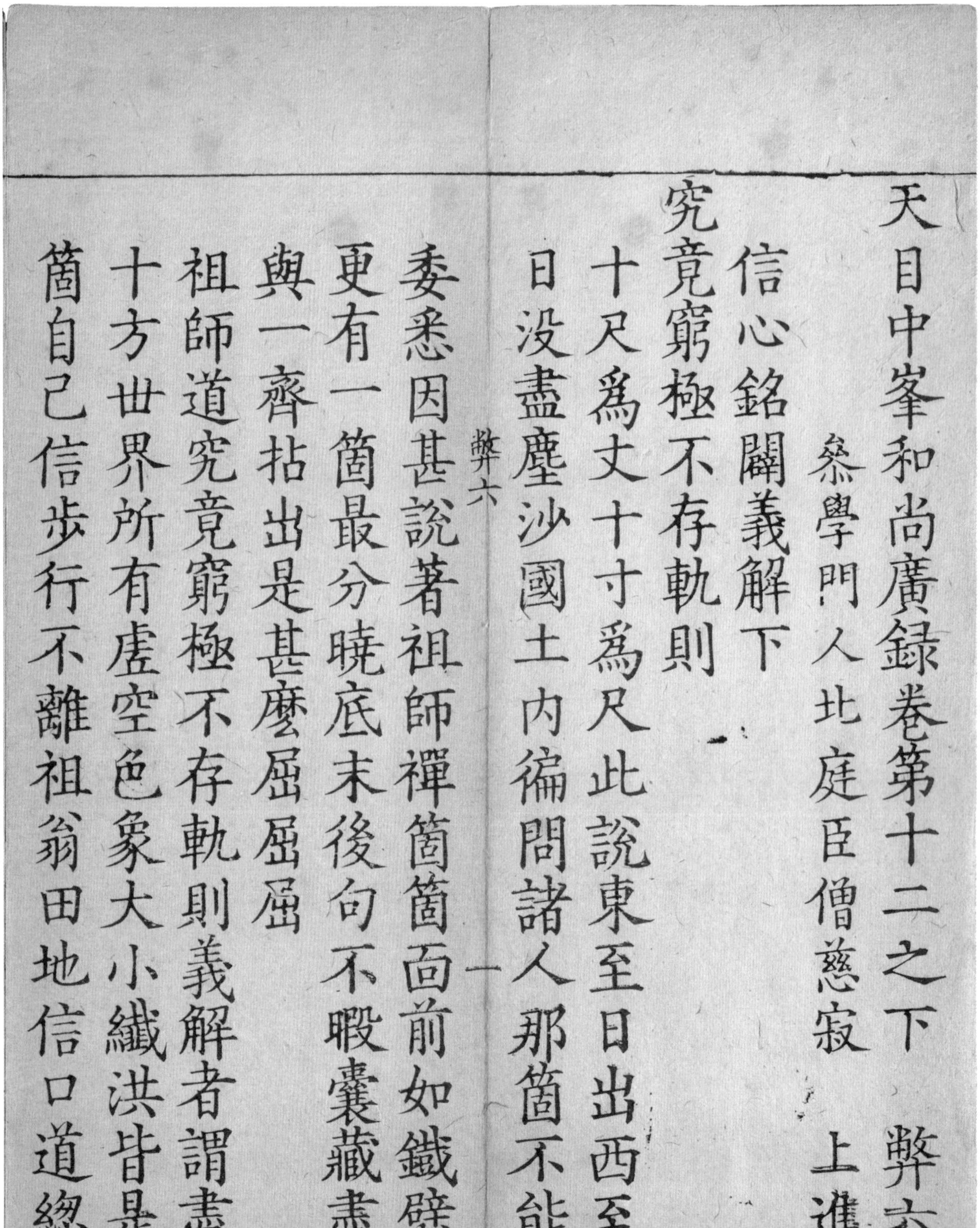

天目中峯和尚廣録卷第十二之下　弊六

叅學門人北庭臣僧慈寂　上進

信心銘闢義解下

究竟窮極不存軌則

十尺爲丈十寸爲尺此說東至日出西至日没盡塵沙國土内徧問諸人那箇不能委悉因甚說著祖師禪箇箇面前如鐵壁更有一箇最分曉底末後句不暇囊藏盡與一齊拈出是甚麼屈屈屈屈

弊六　一

祖師道究竟窮極不存軌則義解者謂盡十方世界所有虗空色象大小纖洪皆是箇自己信步行不離祖翁田地信口道總

璨大師欵案既在少林宗聲價不爽何妨讀作信心銘切忌記佗元字脚黑漆桶攔空撲碎玉麒麟就地勒回揣盡古佛家私瞎却當人正眼且道靈驗在那一句

巳上一卷信女陳氏善圓施財重刊

天目中峯和尚廣録卷第十二之下　弊六

法苑珠林一百卷存卷四十一

宋宣和三年(1121)福州開元禪寺刻毗盧大藏本。經折裝,一册,有秩號“漆”,含供養篇第三十八、受請篇第三十九。

本卷每版六半葉,半葉六行,行十七字。版框高23.1釐米。卷端刊發願題記:“福州管内衆緣寄開元禪寺雕造《毗盧大藏經》印板一副五百餘函,恭爲當今皇帝祝延聖壽,内外臣僚同資禄位。都會首林昭、鄭宏、劉居中、蔡康國、陳詢、蔡俊臣、陳靖、謝忠;管句兼對經沙門開慧;證會住持本明;證會當山三殿大王大聖泗洲。時宣和三年十二月日題。”正文首題經名:“法苑珠林卷第四十一。”尾題同。首題次行題:“大唐上都西明寺沙門釋道世字玄惲撰。”版心刊版片號,有刻工:林通、通、浦、保、吴浦、青、方、林遠。

《法苑珠林》,又名《法苑珠林傳》、《法苑珠林集》,一百卷,嘉興藏爲一百二十卷。唐釋道世撰。道世,字玄惲,俗姓韓,祖籍洛陽伊闕,主要生活於唐高宗時期,著有《諸經要集》和《法苑珠林》等作品。

本書分爲六百六十八部,以摘要引録的方式,博引諸經、律、論、紀、傳等,共計四百餘種,保存了今已散佚的經典,并按照内容分類,概述佛教之思想、術語、法數等,具有佛經索引的功能,係道世據道宣所著《大唐内典録》及《續高僧傳》而編。中國歷代經録著録,歷代大藏經收録。

鈐“仰山堂圖書印”朱文長方印、“理堂居士”朱文方印、“棲庵文庫”菱形印、“閑場文庫”橢圓朱印。

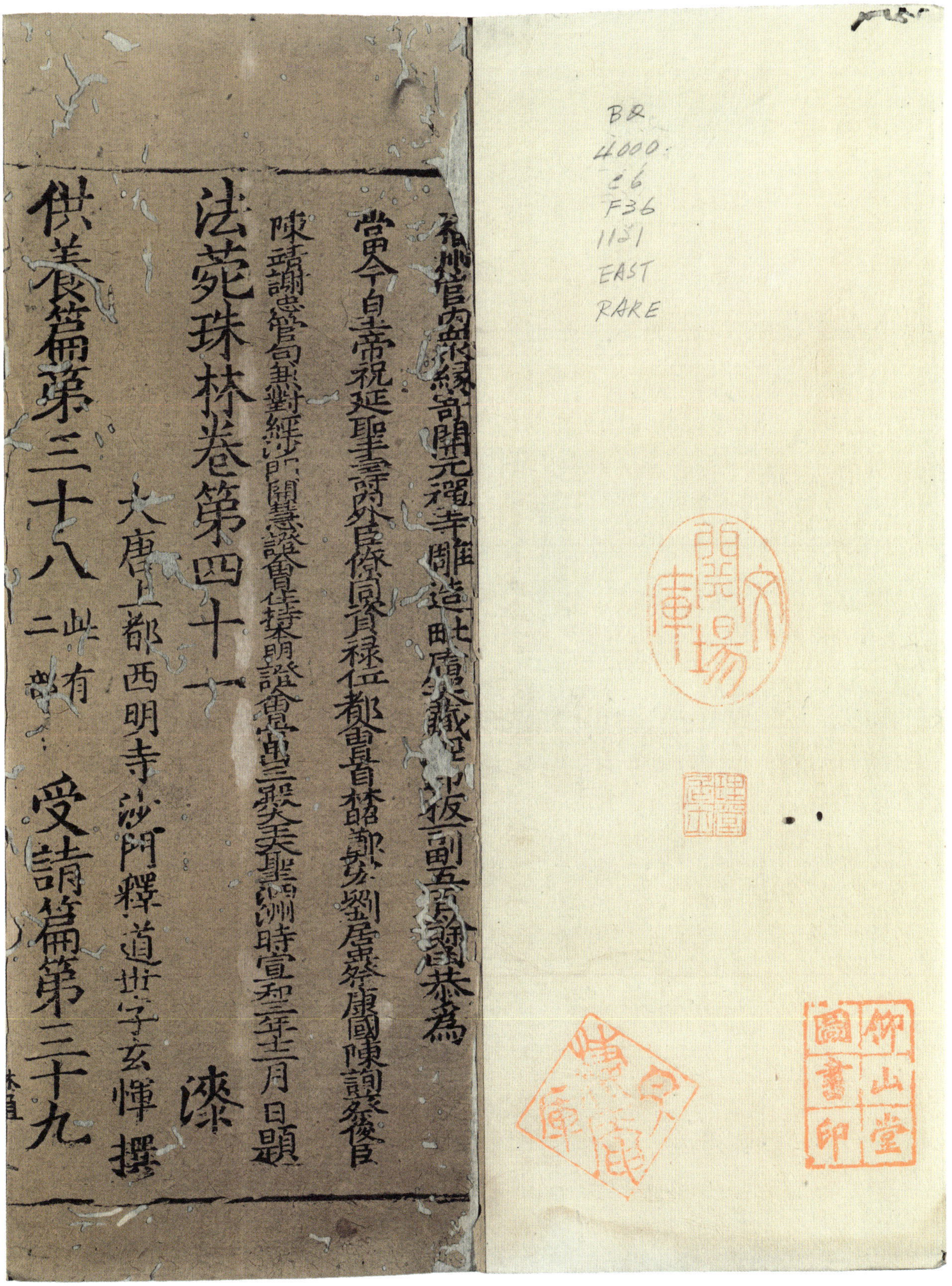
福州管內眾緣寄開元禪寺雕造毗盧大藏經印板一副五百餘函恭為
當今皇帝祝延聖壽內外臣僚同資祿位都會首林昭勸首劉居中蔡康國陳詢蔡俊臣
陳靖謝忠管句無對經沙門閑慧證會住持本明證會賜紫三藏大師聖洲時宣和三年十二月日題
法苑珠林卷第四十一
大唐上都西明寺沙門釋道世字玄惲撰
漆
供養篇第三十八 此有二部
受請篇第三十九
BQ 4000 .C6 F36 1121 EAST RARE
仰山堂圖書印

一切經音義二十五卷存卷十八

宋靖康元年(1126)至紹興二年(1132)兩浙路湖州王永從兄弟一家施刻思溪藏本。經折裝，一册，有秩號“陛”。

本卷每版五半葉，半葉大字六行，注釋小字雙行。版框高24.4釐米。全册裝裱爲三段，首殘尾全，存尾題：“一切經音義卷第十八。”首段自“柱礎”至“快然”，中段自“小迸”至“謳歌”，末段自“湔浣”至卷十八末，按佛經順序，應將“小迸”至“謳歌”段置於“柱礎”至“快然”段之前，爲卷十八之後半部分，係裝裱錯簡。

《一切經音義》，又稱《衆經音義》、《玄應音義》，二十五卷，唐釋玄應撰。玄應，唐貞觀末長安大慈恩寺譯經僧。其撰作背景，據《一切經音義》釋廣宣序云：“以貞觀末，歷敕召參傳，綜經正緯，資爲實録。因譯尋閱，捃拾藏經，爲之音義，注釋訓解，援引群籍，證據卓明，焕然可領，結成三衮。”

本書成於唐太宗貞觀之前，逐卷摘取各部佛經中之難字，加以注釋音義，所注佛經自《大方廣佛華嚴經》至《阿毗達磨順正理論》共四百五十四部。各卷首列本卷所注佛經名目，次列所注字詞，次注音訓，後引群書證之。所注字詞不限於佛教詞彙，也包括一般語詞或較冷僻之詞。所徵引文獻多有近世久佚之書，爲清儒輯佚及研治小學的重要材料。中國歷代經録著録，歷代大藏經收録。

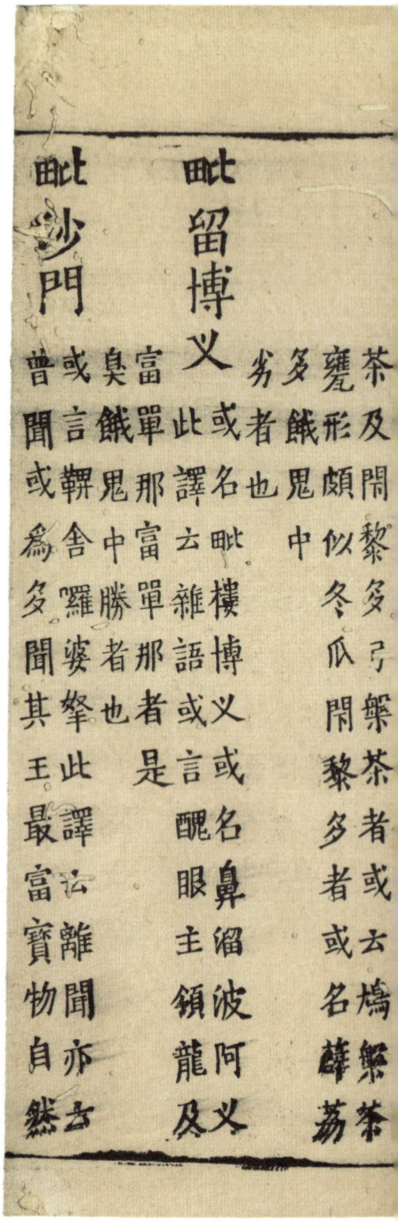
荼及閇黎多弓槃荼者或云鳩槃荼
䰩形頗似冬瓜閇黎多者或名薜荔
多餓鬼中
劣者也
毗留博叉
或名毗樓博叉或名鼻溜波阿叉
此譯云雜語或言醜眼主領龍及
富單那富單那者是
臭餓鬼中勝者也
或言鞞舍羅婆拏此譯云離聞亦云
普聞或爲多聞其王最富寶物自然
毗沙門

柱礎

礎潤許叔重曰楚人謂柱碣曰礎磶音思亦反

市廛

值連反禮記市廛而不征鄭玄曰廛市物邸舍也廛居也方言東齊海岱之間謂居曰廛也

笳聲

或作葭同古遐反今樂器中有笳卷葭葉吹之因以名也

椽桷

馳宣反下古學反案椽桷榱橑一物廣異名也榱音衰橑音老

池沼

之遶反蒼頡解詁云沼池也

第三卷

花萏

又作菡同胡感反謂花之未發者也

第四卷

提頭賴吒

或言提多羅吒或言弟黎多曷羅殺吒羅此譯云持國者主領揵達婆及毗舍闍或云臂奢柘謂餓鬼中勝者也

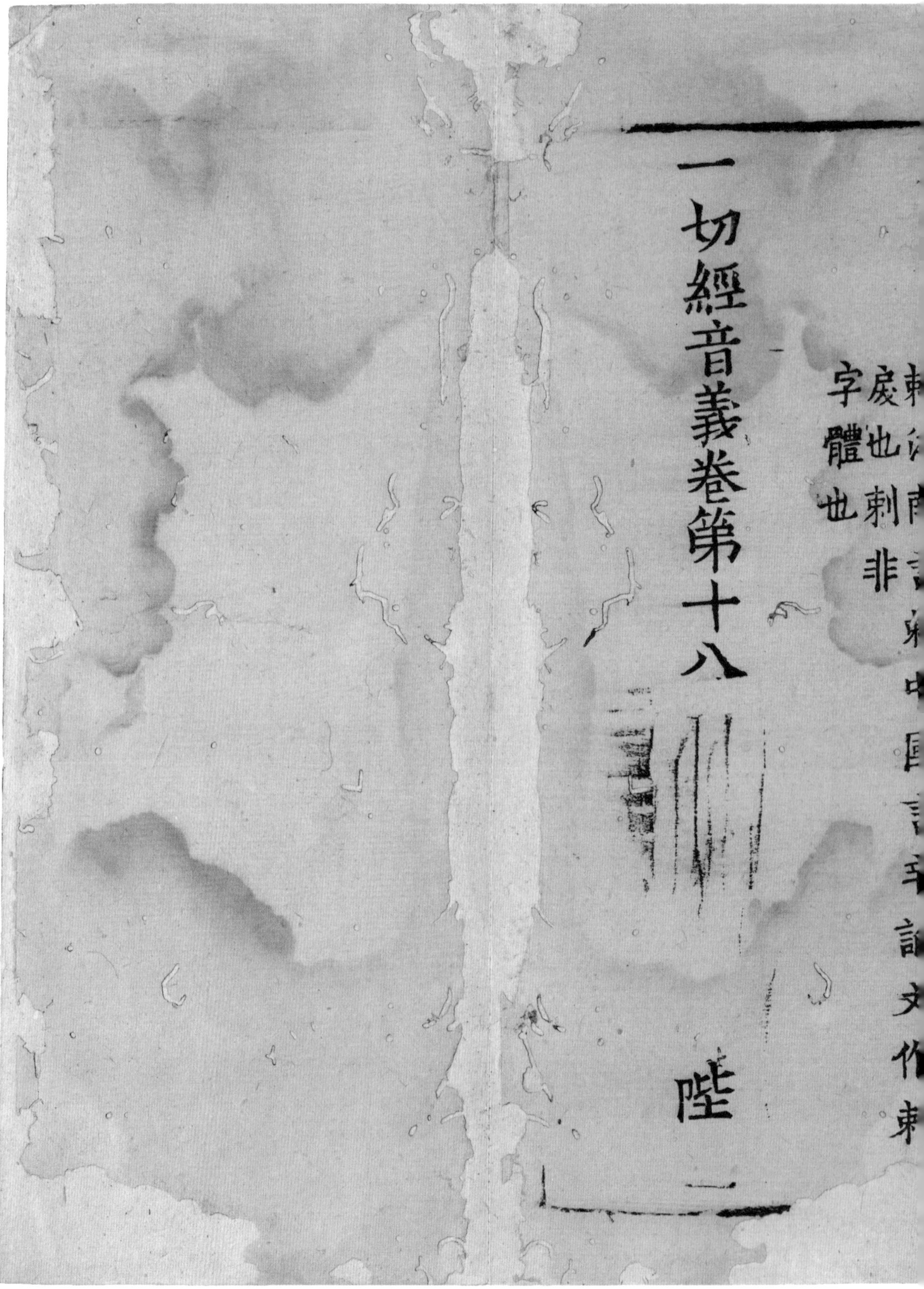
戾也刺非字體也

一切經音義卷第十八 陛

底舸

莂山

明了論

竝起

布沙他

古我反此山名

出律主居處也

而證而蒸二反山名

也亦律主居處也

又作竝同蒲鯁蒲茖二反

介雅竝併也併音蒲茗反

或作逋沙他此云增長謂半月又磨

增長戒根又磨此云忍謂容恕我羅

舊名懺者

攡牆

隨相論

埏埴

生櫨

反通俗文柴垣

曰攡釋名云以柴作之疏離離然也

尸延反下時力反埏柔也擊也和也

埴土也粘土曰埴釋名土黃而細也

曰埴埴職也粘

昵如脂之職也

側家反楨櫨也似榅勃形大如

梳味澀酢不可多噉論文作查

鮇奏反下丘久反今江南言

建中靖國續燈録三十卷存卷七

宋崇寧二年（1103）福州東禪等覺院刻崇寧萬壽大藏本。經折裝，一册，有秩號“刻”。

本卷每版六半葉，半葉六行，行十七字。版框高24.4釐米，寬11.4釐米。卷端刊發願題記：“福州等覺禪院住持傳法沙門普明收印經板頭錢，恭爲今上皇帝祝延聖壽，闔郡官僚同資禄位，雕造《續燈録》印板一部，計三函。時崇寧二年九月日謹題。”正文首題：“建中靖國續燈録卷第七。”尾題同。首題次行題：“東京法雲禪寺住持傳法佛國禪師臣惟白集。”版心刊版片號，第十一版在版端。有刻工：林元刊。卷末有“福州東禪經生張榮印造”墨記、長方“東禪大藏”朱印。本卷第十一版以下至第二十一版間，文字殘。

《建中靖國續燈録》，三十卷，宋釋惟白撰。惟白，俗姓冉，靖江（今江蘇靖江）人。嗣法圓通法秀，并深於邵康節之學，學兼内外。住持汴京法雲寺，晚年移住明州天童寺，號佛國禪師。

此書因續《景德傳燈録》而作，故稱“續燈録”。於北宋徽宗建中靖國元年（1101）進上。中國歷代經録著録，歷代大藏經收録。本書分正宗、對機、拈古、頌古、偈頌五門，記録諸師契悟履歷、機緣語句、公案、偈頌等，尤以雲門宗爲記載重點。

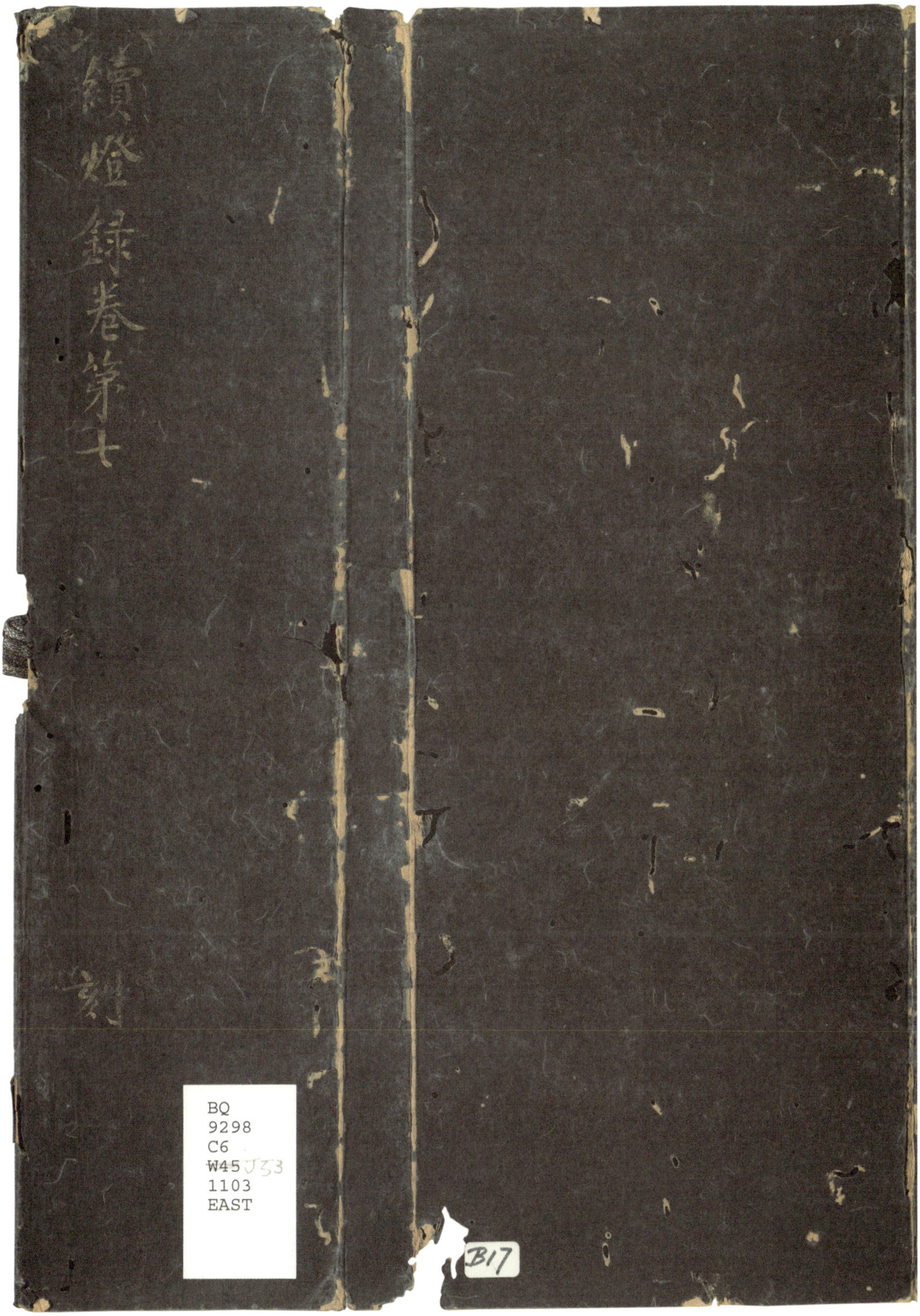
續燈録卷第七
BQ
9298
C6
W45
1103
EAST
B17

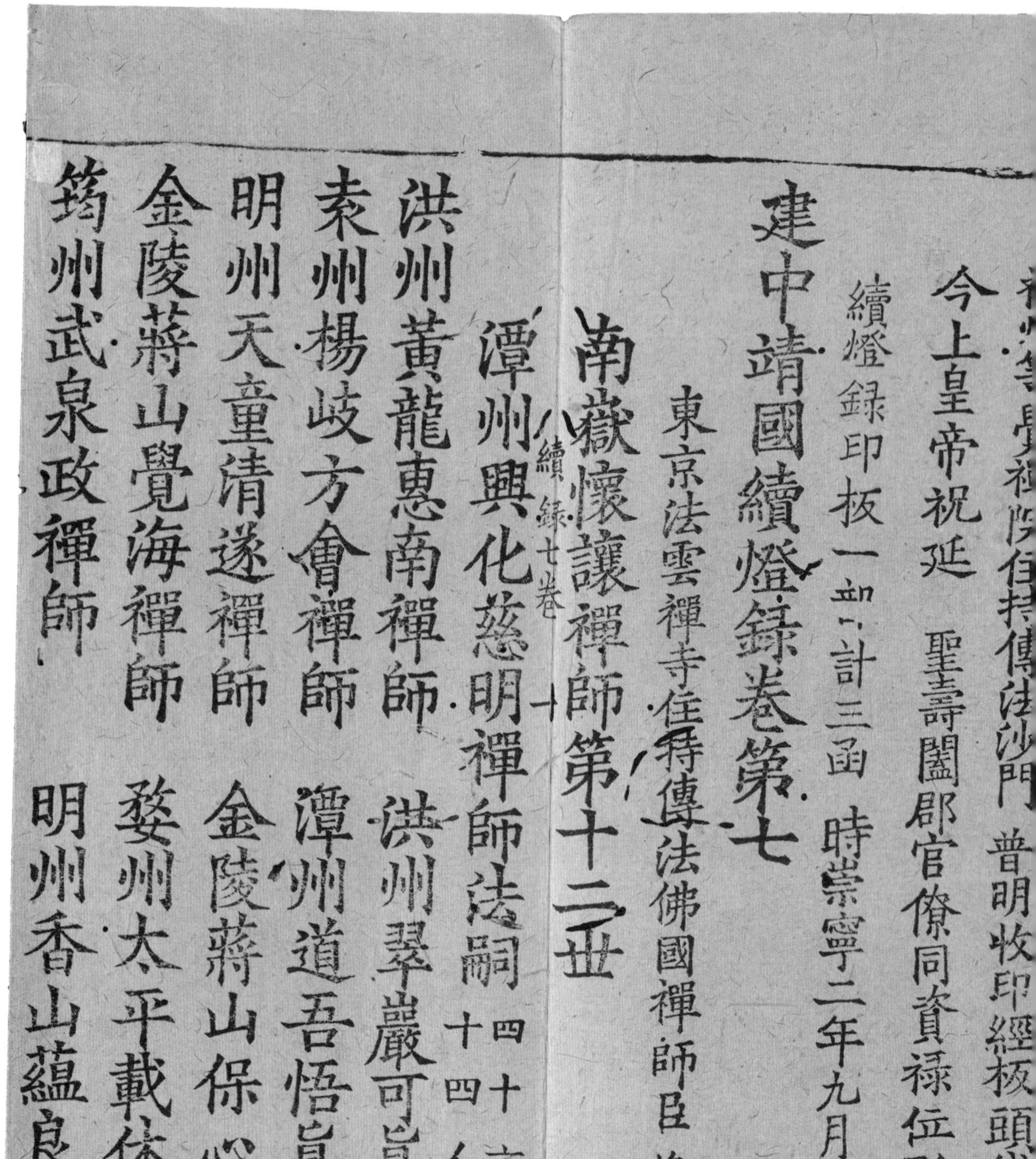

福州等覺禪院住持傳法沙門 普明收印經板頭錢恭爲
今上皇帝祝延 聖壽闔郡官僚同資祿位彫造
續燈録印板一副計三函 時崇寧二年九月 日謹題

建中靖國續燈録卷第七 刻

東京法雲禪寺住持傳法佛國禪師臣 惟白集

南嶽懷讓禪師第十二世

潭州興化慈明禪師法嗣 四十六人二十四人見録 續録七卷

洪州黃龍慧南禪師 洪州翠巖可眞禪師

袁州楊岐方會禪師 潭州道吾悟眞禪師

明州天童清遂禪師 金陵蔣山保心禪師

金陵蔣山覺海禪師 婺州太平載休禪師

筠州武泉政禪師 明州香山蘊良禪師

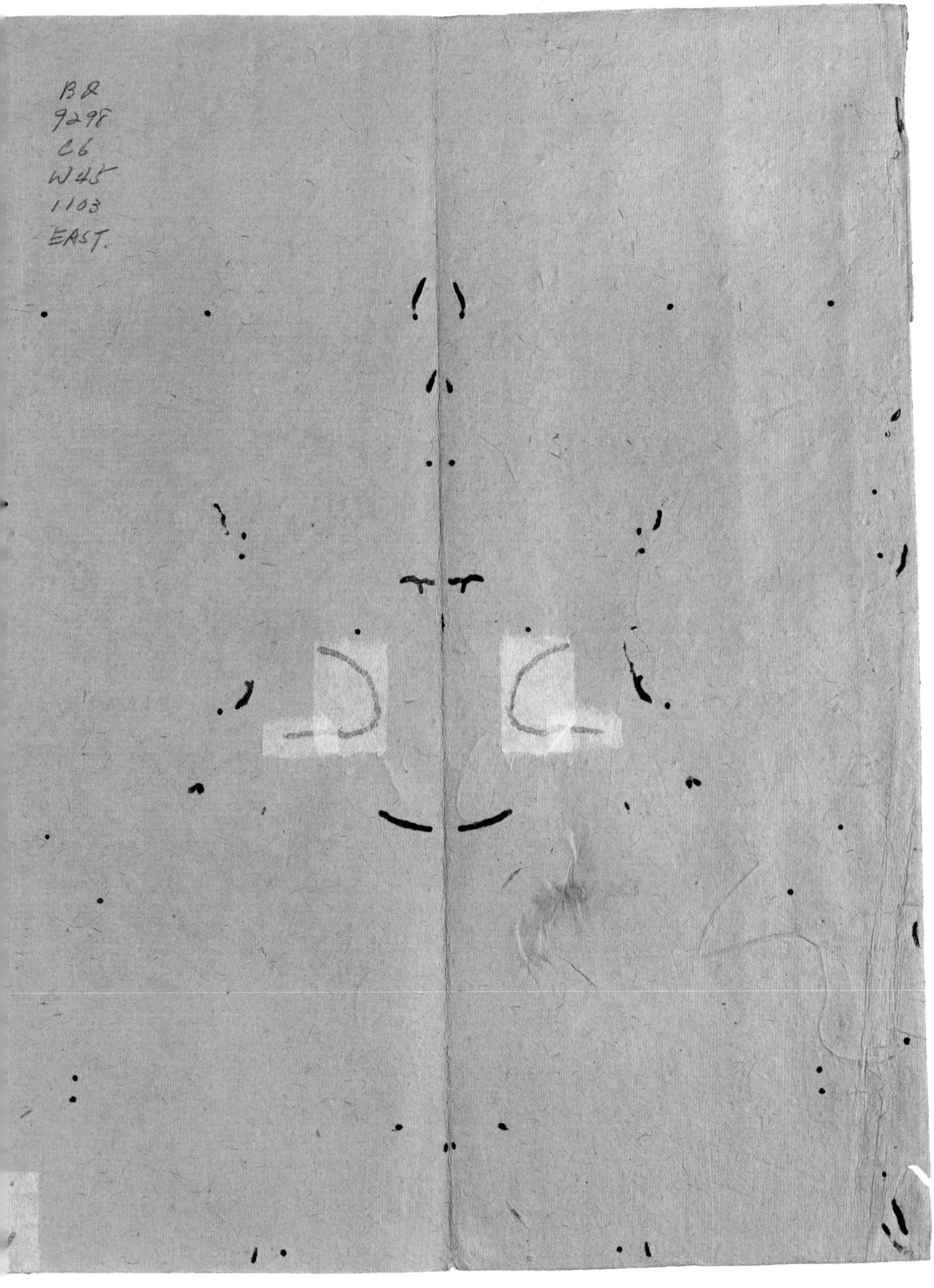
BQ
9298
C6
W45
1103
EAST.

問師唱誰家曲宗風嗣阿誰師云海雲生嶽
面山月落堦前僧曰恁麼則承天嫡子師云
孫賔恰在市

杭州承天自能禪師

問倚天長劒即不問袖裏藏鋒事若何師云
看僧以手畫一畫云遮裏作麼生師云收僧
拊掌師彈指一下

二十一帋尾　林允刊

建中靖國續燈録卷第七

福州東禪經生張榮印造

刻

悟真篇三注三卷

宋張伯端著，宋薛道光、陸墅、元陳致虚注。元刻本，六册。

是本半葉十行，行二十字，四周雙邊，黑口，雙黑尾。版框高19.6釐米，寬12.4釐米。末有“元豐改元戊午歲仲夏月戊寅日”張伯端後序、薛道光跋。首册簽條題“元板三家注悟真篇”。

張伯端（983，一説984—1082），一名用成（用誠），字平叔，號紫陽仙人，稱“悟真先生”、“紫玄真人”，清雍正封爲“大慈圓通禪仙紫陽真人”。台州天台人氏。創立道教金丹派南宗，被奉爲全真道南五祖之一。薛道光（1078—1191），名式，又名道原，字太源，陝府雞足山人。本爲僧人，人稱毗陵禪師，號紫賢，後得石泰嫡傳，爲南宗第三代傳人，南五祖之三，尊稱“紫賢真人”。陸墅，字子野。陳致虚（1290—？），字觀吾，號上陽子。江右廬陵（今江西吉安）人。從趙友欽（緣督子）學金丹煉養之道。著有《金丹大要》十六卷、《周易參同契分章注》三卷等。

此爲道教丹道派經典，以詩詞形式，總結内丹方術，《四庫全書總目》評價：“是書專明金丹之要，與魏伯陽《參同契》，道家并推爲正宗。”首爲魏伯真序、張伯端序、《道光禪師注悟真篇本末》、陸子野序、陳致虚序。次爲十六首七言四韻，總論得道之唯一途徑乃修煉内丹，以及其注意事項。次爲六十四首七言絶句，記述修煉内丹的詳細方法，分安爐立鼎、交媾採藥、温養脱胎等步驟。再次爲一首五言，總結功法全過程。之後《西江月》十二首《續添西江月》一首，重復强調之前所述。再後《續絶句》五首，以禪宗修煉類比説明。附《讀周易參同契》。末爲《紫陽真人後序》。

鈐“明善堂覽書畫印記”白文長方印、“草汀吴子昭印”朱文長方印、“曾經南林劉翰怡收藏”朱文方印、“人間孤本”白文方印。

元板三家註悟真篇
LIBRARY
UNIVERSITY OF
CALIFORNIA

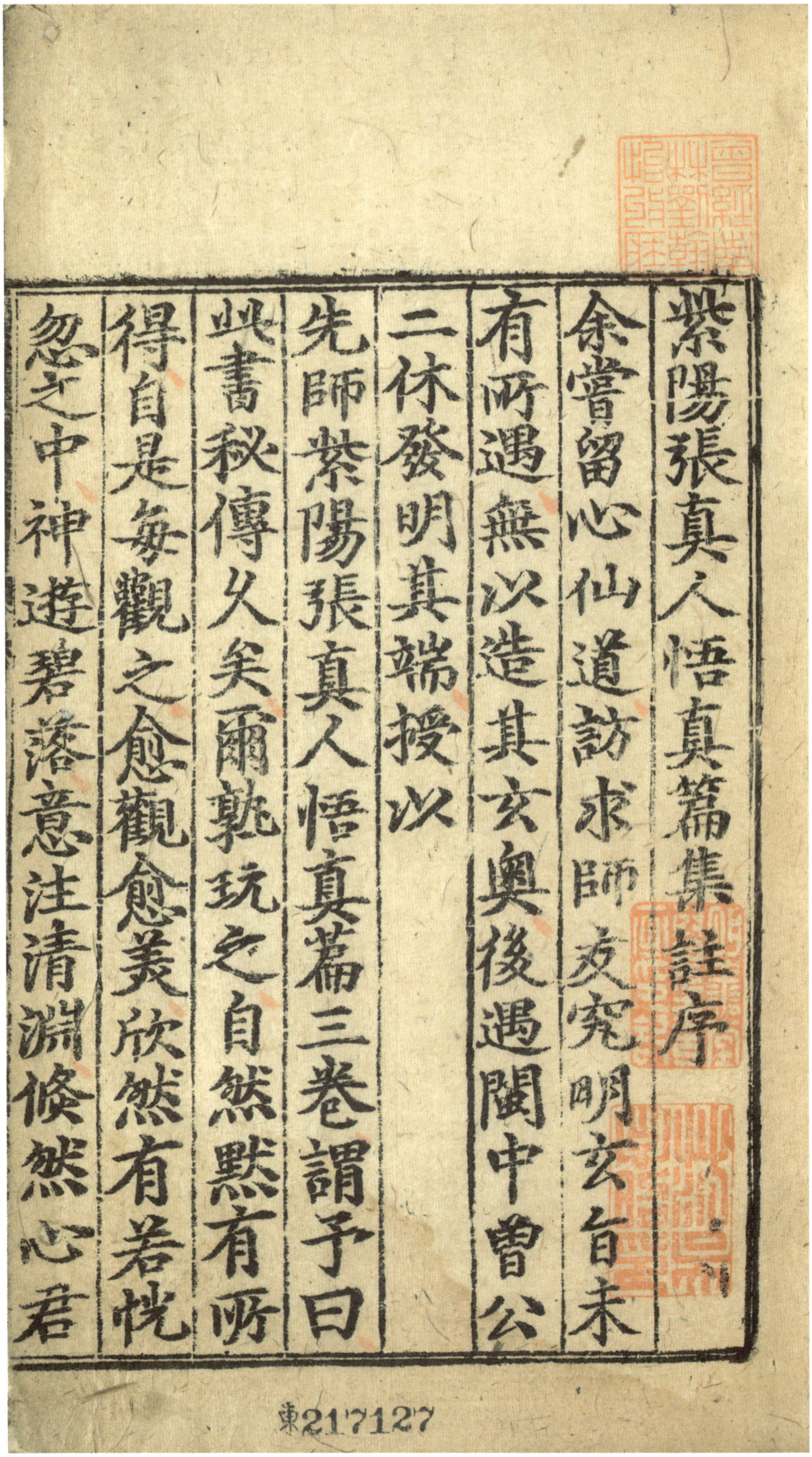

紫陽張真人悟真篇集註序

余嘗留心仙道訪求師友究明玄旨未有所遇無以造其玄奧後遇閬中曾公二休發明其端授以

先師紫陽張真人悟真篇三卷謂予曰此書秘傳久矣爾熟玩之自然默有所得自是每觀之愈觀愈美欣然有若恍惚之中神遊碧落意注清淵倏然心君

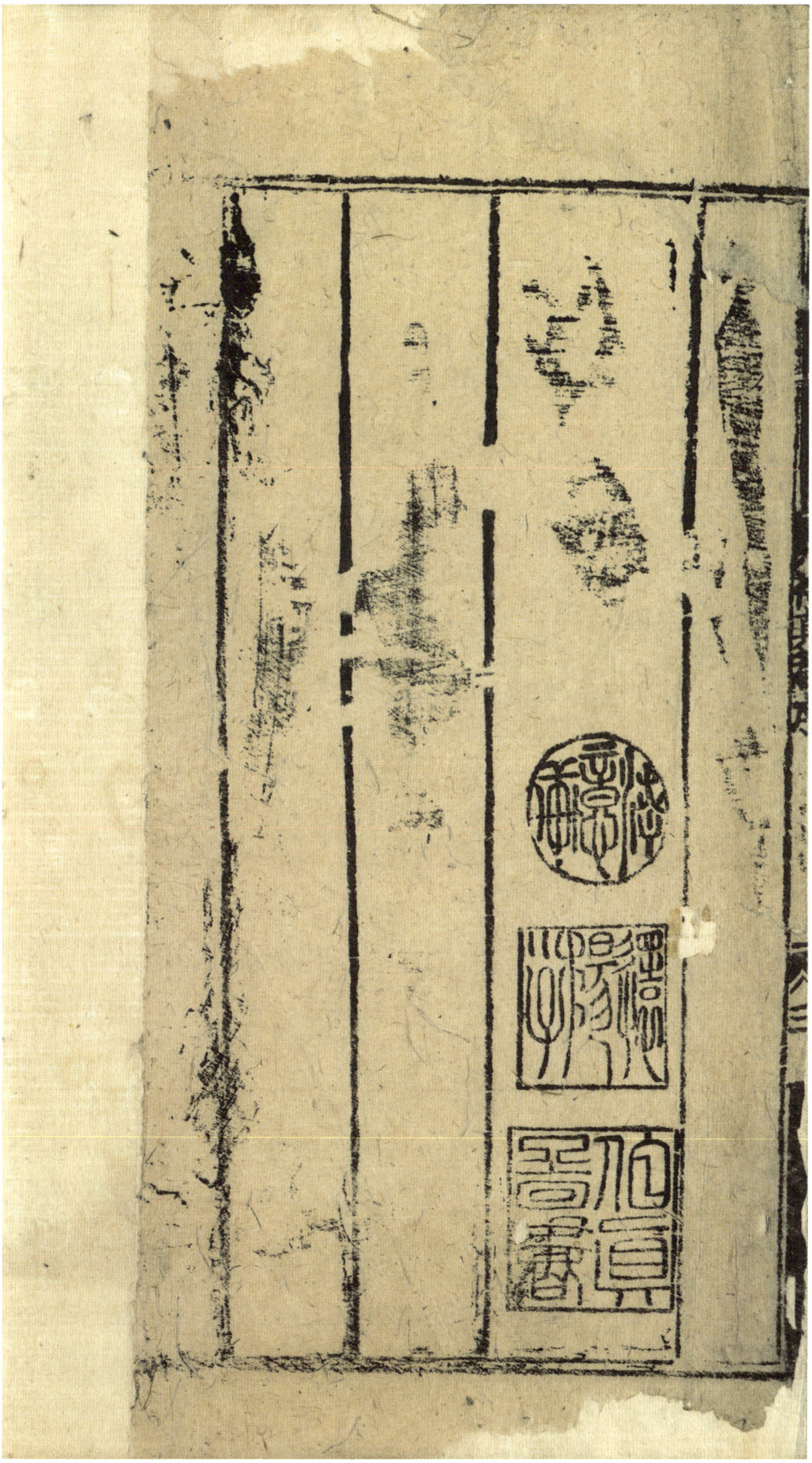

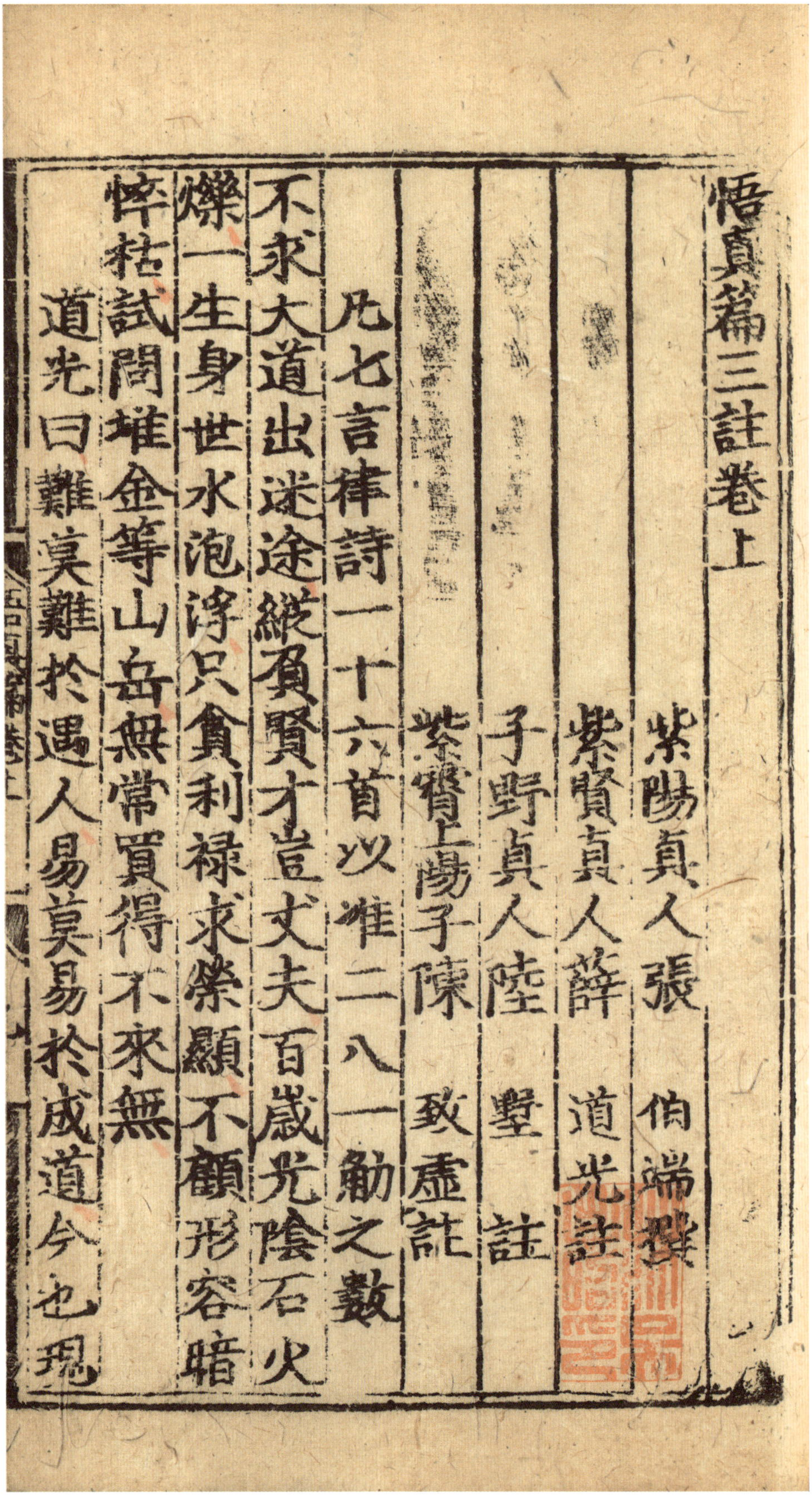

悟真篇三註卷上

紫陽真人張　伯端撰

紫賢真人薛　道光註

子野真人陸　墅註

紫霄上陽子陳　致虛註

凡七言律詩一十六首以准二八一斤之數

不求大道出迷途縱負賢才豈丈夫百歲光陰石火爍一生身世水泡浮只貪利禄求榮顯不顧形容暗悴枯試問堆金等山岳無常買得不來無

道光曰難莫難於遇人易莫易於成道今也遇

人間孤本

蘇文忠公文集殘葉

宋蘇軾撰，宋刻本，殘存一葉。

是本半葉九行，行十五字，左右雙邊，白口，單黑魚尾。版框高22.2釐米，寬17.2釐米。版心下有刻工，破損難識。版心題"忠公文集四十"。此殘葉爲《蘇文忠公文集》卷四十第十三葉。上半葉録《阿彌陀佛頌并叙》之叙末三字及頌詞，下半葉録《魚枕冠頌》前二十四句。

蘇軾(1037—1101)，字子瞻，一字和仲，號東坡居士，謚文忠，眉州眉山人，與其父蘇洵、其弟蘇轍并稱"三蘇"。有志改革朝政但對王安石、司馬光兩派都不盡贊同，因而倍受排斥，曾被外貶至黄州、惠州、儋州等。哲宗朝官至禮部尚書，曾爲中書舍人、翰林學士，拜龍圖閣學士。其思想以儒學爲根本而融會釋、道，詩詞文書畫皆精：其詩開宋詩面目又自具特色；其詞開豪放一派；其文爲唐宋八大家之一；其書法開創"尚意"書風，與黄庭堅、米芾、蔡襄并稱"宋四家"；其畫奠定後世"士人畫"基礎。

蘇軾詩詞文流傳廣泛，但一度因黨争而被禁毁，故其集刻印流佈情况複雜。據蘇轍所撰墓誌銘，蘇軾著有《東坡集》四十卷、《後集》二十卷、《奏議》十五卷、《内制》十卷、《外制》三卷、《和陶詩》四卷。晁公武《郡齋讀書志》、陳振孫《直齋書録解題》尚增《應詔集》十卷，與前六種合稱《東坡七集》。蘇集於蘇軾在世時即有刻本流傳，南宋時曾出現多種刻本，如洪邁《容齋五筆》卷九“今蘇氏眉山功德寺所刻大小二本及季真給事在臨安所刻，并江州本、麻沙書坊《大全集》”云云，即提及眉山大字本、眉山小字本、浙本、江州本、麻沙本。此本大字顔體，乃白麻紙初印，版式字體與中國國家圖書館藏《淮海先生閒居集》一致，亦當刻於眉山，應是現存東坡集的最早刻本。惜僅存殘葉，乃柏克萊加州大學已故教授F.D.Lessing於民國二十五年（1936）八月九日獲贈於北平隆福寺稽古堂書店，後又轉贈本館。

魚枕冠頌一首

瑩淨魚枕冠細觀初何物形氣偶相值
忽然而爲魚不幸遭網罟剖魚而得枕
方其得枕時是枕非復魚湯火就模範
巉然冠五岳方其爲冠時是冠非復枕
成壞無窮已究竟亦非冠假使未變壞
送與無鬚人簪導無所施是名爲何物
我觀此幻身已作露電觀而況身外物
露電亦無有佛子慈閔故願受我此冠

獻頌曰

佛以大圓覺充滿河沙界我以顛倒想
出没生死中云何以一念得往生淨土
我造無始業本從一念生既從一念生
還從一念滅生滅滅盡處則我與佛同
如投水海中如風中鼓槖雖有大聖智
亦不能分别願我先父母與一切衆生
在處爲西方所遇皆極樂人人無量壽
無往亦無來

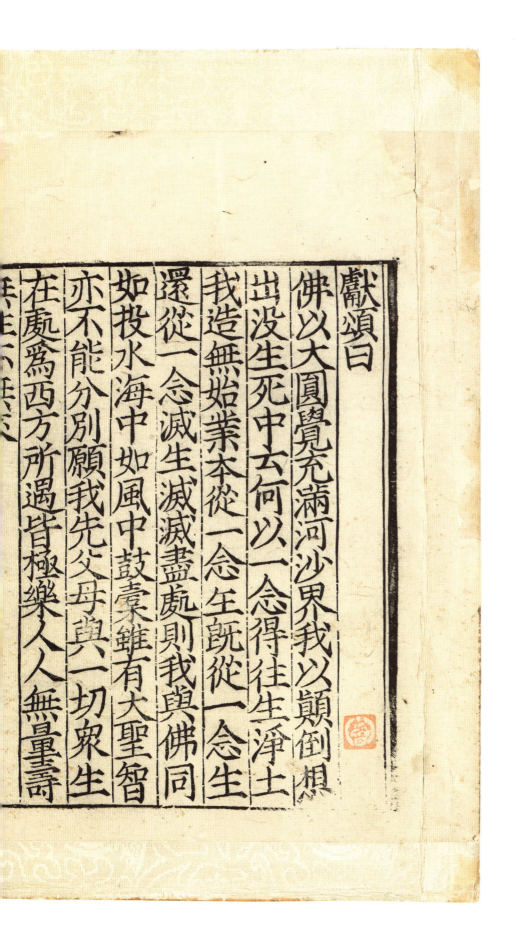

淮海集四十卷後集六卷

宋秦觀撰，宋乾道九年（1173）高郵軍學刻宋元明遞修本，六册。

是本半葉十行，行二十一字，左右雙邊，白口，單魚尾。版框高19.8釐米，寬14釐米。版心下記刻工：李憲、劉宗、趙通、潘正、劉志、劉文、劉仁、周佾、劉明、劉元中等。

秦觀（1049—1100），字少游、太虛，號淮海居士，高郵（今屬江蘇）人。元豐八年（1085）進士。元祐間，曾任秘書省正字，兼國史院編修官等職。因政治上傾向於舊黨，被目爲元祐黨人。紹聖後，累遭貶謫。徽宗即位，召爲宣德郎，北歸，至滕州卒。從蘇軾遊，與黄庭堅、晁補之、張耒合稱“蘇門四學士”。蘇子瞻嘗云：“少游之文如美玉無瑕，又琢磨之功殆未有出其右者。”（《文獻通考》卷二百三十七）善詩賦策論，尤工詞，多寫男女情愛，風格委婉含蓄，清麗雅淡。

秦氏作品之結集，始於元豐七年將赴京師應試前，“索文稿於囊中，得數百篇，辭鄙而悖於理者輒删去之，其可存者古律體詩百十有二，雜文四十有九，從遊之詩附見者五十有六，合二百一十七篇，次十卷，號《淮海閒居集》云。”但此本刊刻與否亦不可得知。今所傳兩種宋刻其一爲蜀眉山文中刊《蘇門六君子集》四十六卷，每半葉九行，行十五字，首葉版心有“眉山文中刊”五字，慎、敦、廓字缺筆，前人認爲係寧宗時蜀中刻本。此本據後題記是在秦氏自編十卷《淮海閒居集》基礎上，採拾遺文增廣而成，爲四十有六卷。此本今唯國家圖書館有殘本，係常熟鐵琴銅劍樓舊物。其一爲乾道癸巳（九年）高郵軍學刻本，四十九卷本，其中《淮海集》四十卷，《後集》六卷，《淮海居士長短句》三卷。今唯日本内閣文庫有原印足本。其餘所藏，或殘缺，或修補，而又以宋紹熙三年（1192）謝雩重修乾道高郵軍學本爲優，現藏國家圖書館。本館所藏係乾道高郵軍學刻宋元明遞修本。由於屢經修版，版面漫漶難識，故卷端書名卷第多被剜去而抄補，卷中甚多缺損，皆爲抄補。

此本係嘉業堂舊藏。鈐“蕉林書屋”朱文長方印、“蕉林藏書”朱文方印、“蒼巖子”朱文圓印、“蒼巖山人書屋記”朱文長方印、“觀其大略”白文方印、“長沙張氏嶽雲樓藏”朱文方印、“鍪山文庫”朱文方印、“吴興劉氏嘉業堂藏書印”朱文方印、“人間孤本”白文方印、“劉承幹字貞一號翰怡”白文方印。

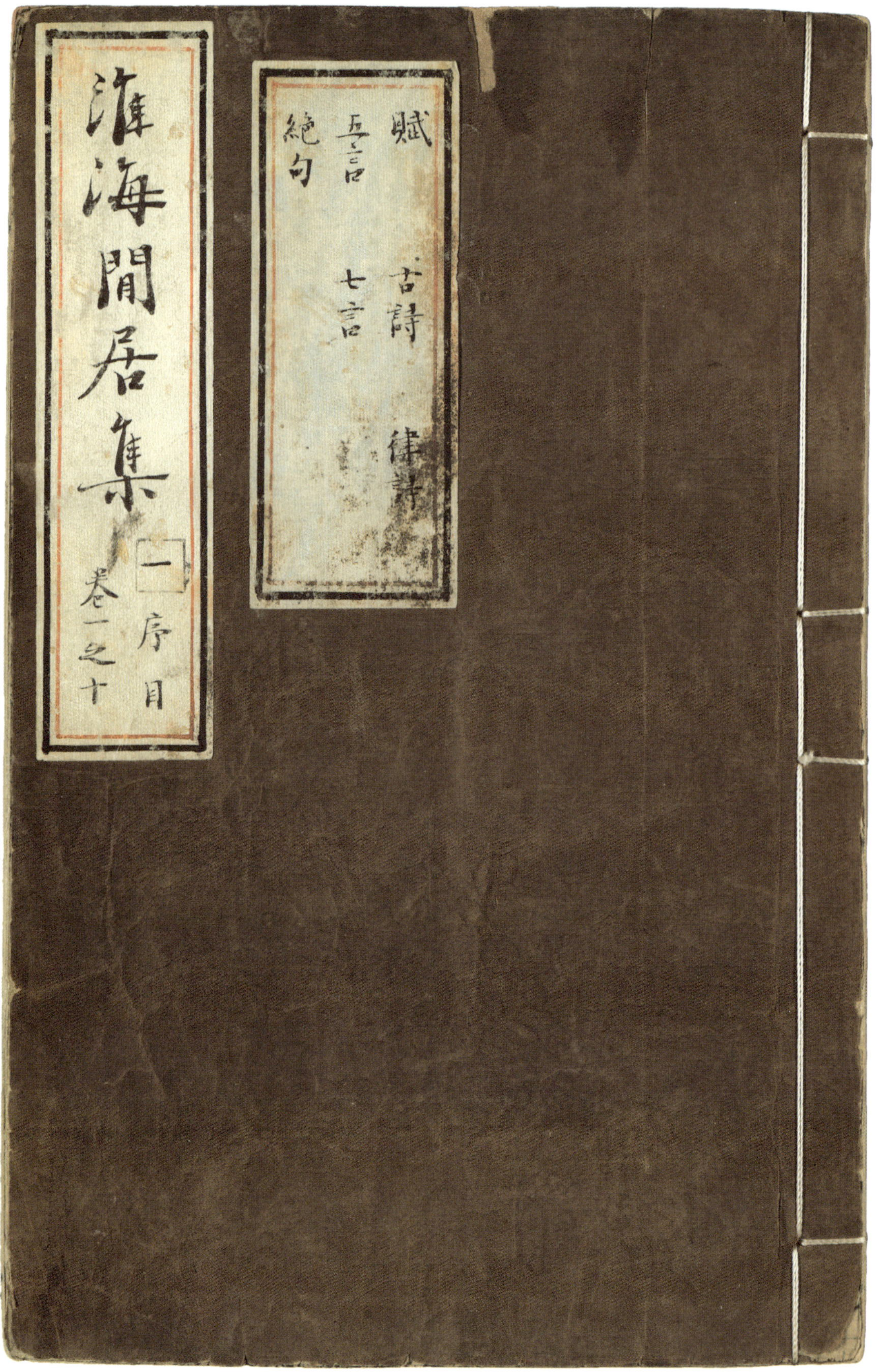
淮海閒居集 一
序目
卷一之十
賦 古詩 律詩
五言 七言
絶句

淮海閒居文集序

元豐七年冬余将西赴京師索文藁於囊中得數百篇持歸而悖於理者輙刪去之其可存者古律體詩百十有二雜文四十有九從遊之詩附見者五十有六合成二百十有七篇次為十卷號曰淮海閒居集云秦觀少游

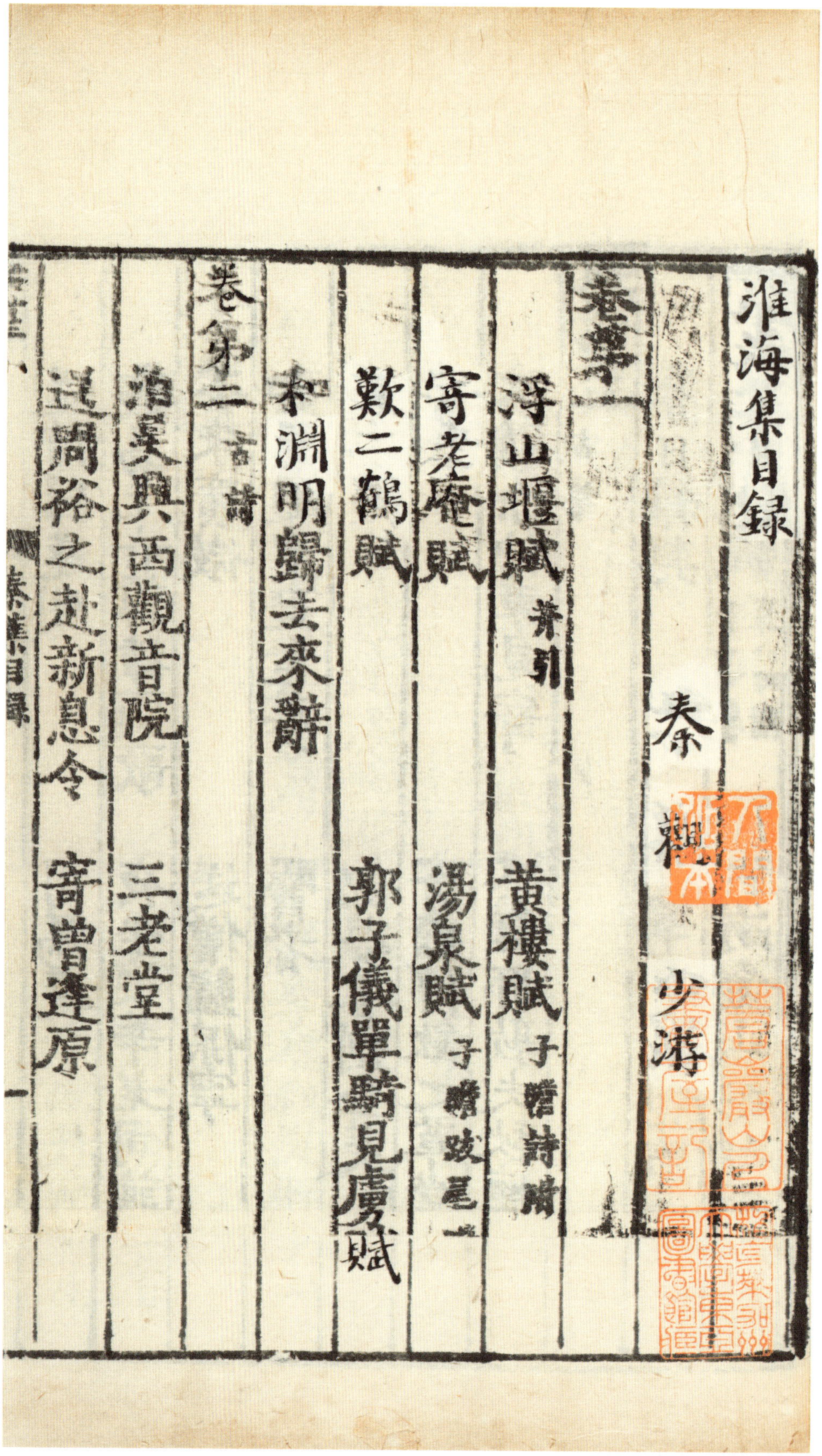
淮海集目録

秦　觀　少游

卷第一

浮山堰賦 并引　黄樓賦 子瞻詩附

寄老庵賦　湯泉賦 子瞻跋尾一

歎二鶴賦　郭子儀單騎見虜賦

和淵明歸去來辭

卷第二 古詩

泊吳興西觀音院　三老堂

送冏裕之赴新息令　寄曾逢原

秦集目録　一

淮海集卷第一

秦觀 少游

浮山堰賦 并引

梁武帝天監十三年用魏降人王足計欲以淮水灌壽陽乃假太子右衛康絢節督卒二十萬作浮山堰於鍾離而淮流湍駛漂疾將合復潰或曰淮有蛟龍喜乘風雨壞岸其性惡鐵絢以爲然乃引東西冶鐵器數千萬斤益以薪石沉之猶踰年乃合堰袤九里水逆淮而上所蒙被甚廣魏人患之果徙壽陽戍頓八公山餘民分就岡壠未幾淮暴漲堰壞奔于海有聲如雷水之怪妖

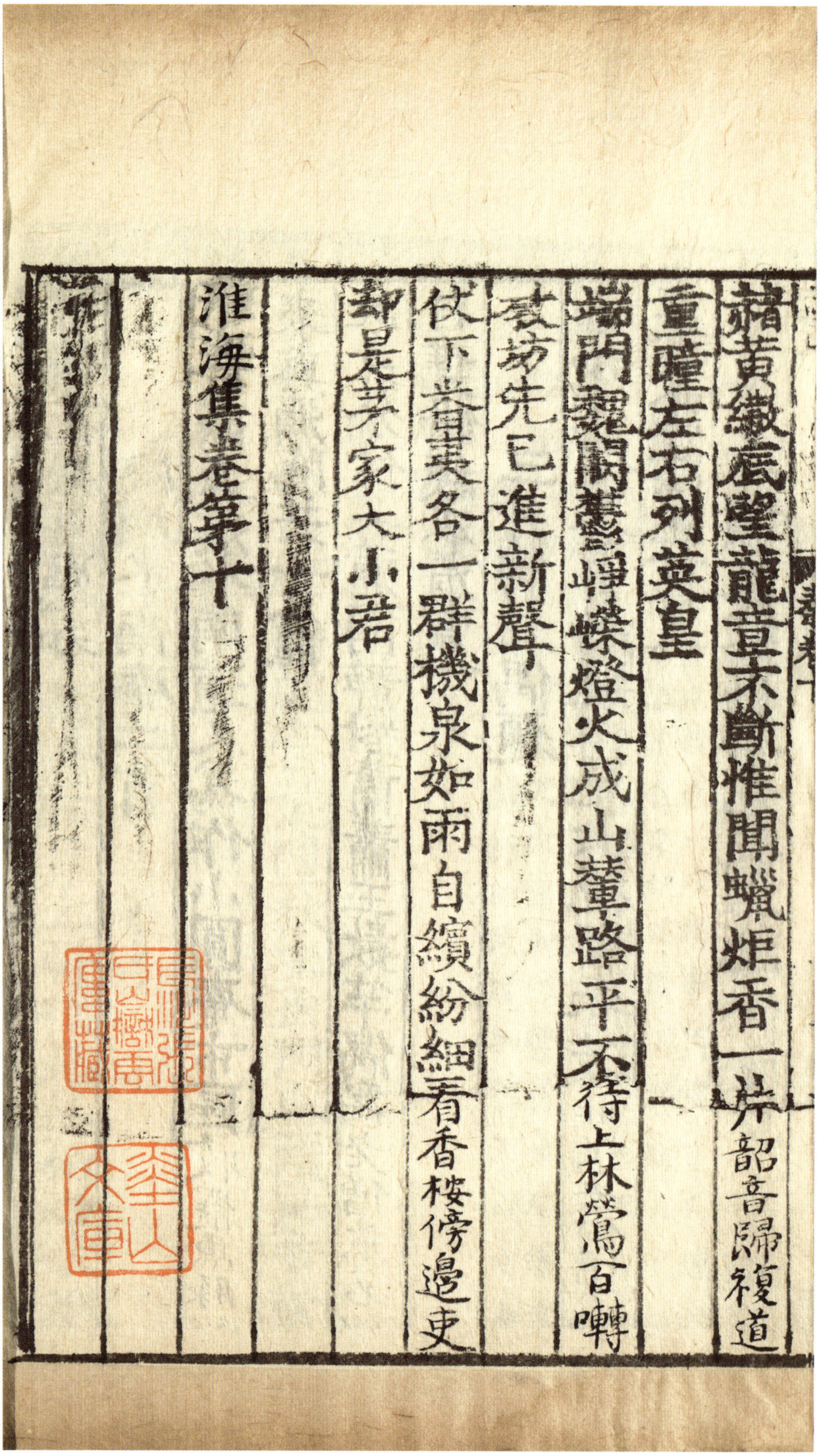
赭黄織扆瑩龍章不斷惟聞蠟炬香一片韶音歸複道
重瞳左右列英皇
端門魏闕聳崢嶸燈火成山輦路平不待上林鶯百囀
東坊先已進新聲
仗下耆英各一群機泉如雨自繽紛細看香樓傍邊吏
却是芽家大小君
淮海集卷第十

淮海後集目錄

秦　觀少游

卷第一　詩

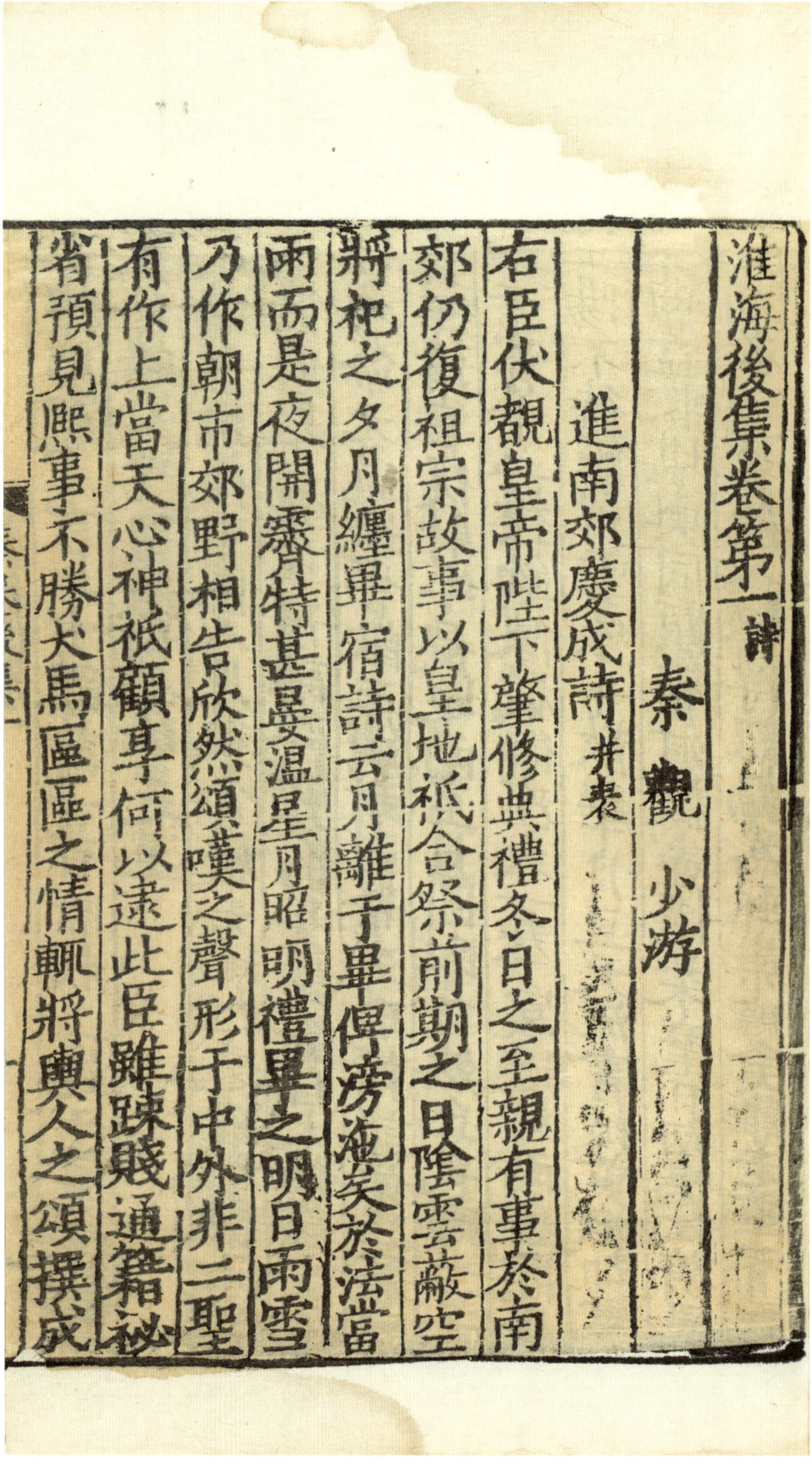
淮海後集卷第一 詩

秦觀 少游

進南郊慶成詩 并表

右臣伏覩皇帝陛下肇修典禮冬日之至親有事於南郊仍復祖宗故事以皇地祇合祭前期之日陰雲蔽空將祀之夕月纏畢宿詩云月離于畢俾滂沲矣於法當雨而是夜開霽特甚晏溫星月昭明禮畢之明日雨雪乃作朝市郊野相告欣然頌嘆之聲形于中外非二聖有作上當天心神祇顧享何以逺此臣雖疎賤通籍祕省預見熙事不勝犬馬區區之情輒將輿人之頌撰成

淮海後集卷第六 終

東萊吕太史文集十五卷别集十六卷外集五卷

宋吕祖謙撰，宋嘉泰四年（1204）吕喬年刻元明遞修本，二十四册。

是本半葉十行，行二十字。左右雙邊，白口，雙魚尾。元明遞修，補版多四周雙邊，下黑口，雙魚尾。版框高20.3釐米，寬15.2釐米。書中“貞”、“桓”、“敦”、“廓”缺筆避諱，當爲南宋寧宗朝刻。宋刻部分版心有刻工名：吕拱、史永、韓公輔、周文、陳靖、羅裕、張彦忠、周份、羅榮、趙中、吴春、劉昭、李思賢、李信、周才、丁明、孫顯、宋琚、□思乂、張文、吴志、楊先、張彦、丁亮、張仲辰、張世贇、姚彦、王茂、李巖等。元明部分刻工名後有“補”字，刻工有：趙竹、侯恂、高昭、鞏固、華志、張本、張敖、陳勝、焦儀、刀鳳、游寬、譚堅、張榮、張鳳、任倫、吴旺、孔韶、趙欽、郭孜、王鉉、李經、李茂、李経等。

吕祖謙（1137—1181），字伯恭，人稱東萊先生，原籍壽州，生於婺州（金華）。隆興元年（1163）進士，又中博學宏詞科，官至著作郎兼國史院編修。家學深厚，八世祖吕蒙正，七世祖吕夷簡，伯祖吕本中,《宋史》稱“祖謙之學本之家庭,有中原文獻之傳”。與朱熹、張栻并稱“東萊三賢”,創建麗澤書院,開創“婺學”(又稱“吕學”、“金華學派”),重視史學,首倡經世致用,對朱熹和陸九淵之争取調和折衷態度。著述有《古周易》、《東萊書説》、《吕氏家塾讀詩記》、《春秋左氏傳説》、《春秋左氏傳續説》、《左氏博議》、《東萊集》、《大事記》、《吕氏唐鑑音注》等,編纂有《宋文鑑》等。其集爲其弟吕祖儉、從子吕喬年所編。其中《文集》十五卷,卷一詩、卷二表疏、卷三奏狀劄子、卷四啓、卷五策問、卷六記序銘贊辭、卷七題跋、卷八祭文祝文、卷九行狀、卷十至卷十三墓誌銘、卷十四傳、卷十五紀事。卷十五《庚子辛丑日記》後有淳熙壬寅朱熹跋。《别集》十六卷,卷一至卷六家範、卷七至卷十一尺牘、卷十二至卷十五讀書雜記、卷十六詩友問答。《外集》五卷,卷一、卷二策問,卷三、卷四宏詞進卷、試卷,卷五拾遺。附録僅存卷一,爲年譜、壙記。餘缺。

此本係嘉業堂舊藏，即《嘉業堂藏書志》所著録之“東萊吕太史文集十五卷别集十六卷外集五卷年譜一卷 宋刻本”。

鈐“顧千里經眼記”朱文長方印、“劉承幹字貞一號翰怡”白文方印、“吴興劉氏嘉業堂藏書印”朱文方印、“吴興劉氏嘉業堂藏書記”朱文長方印。

東萊呂太史文集目録

第一卷

詩

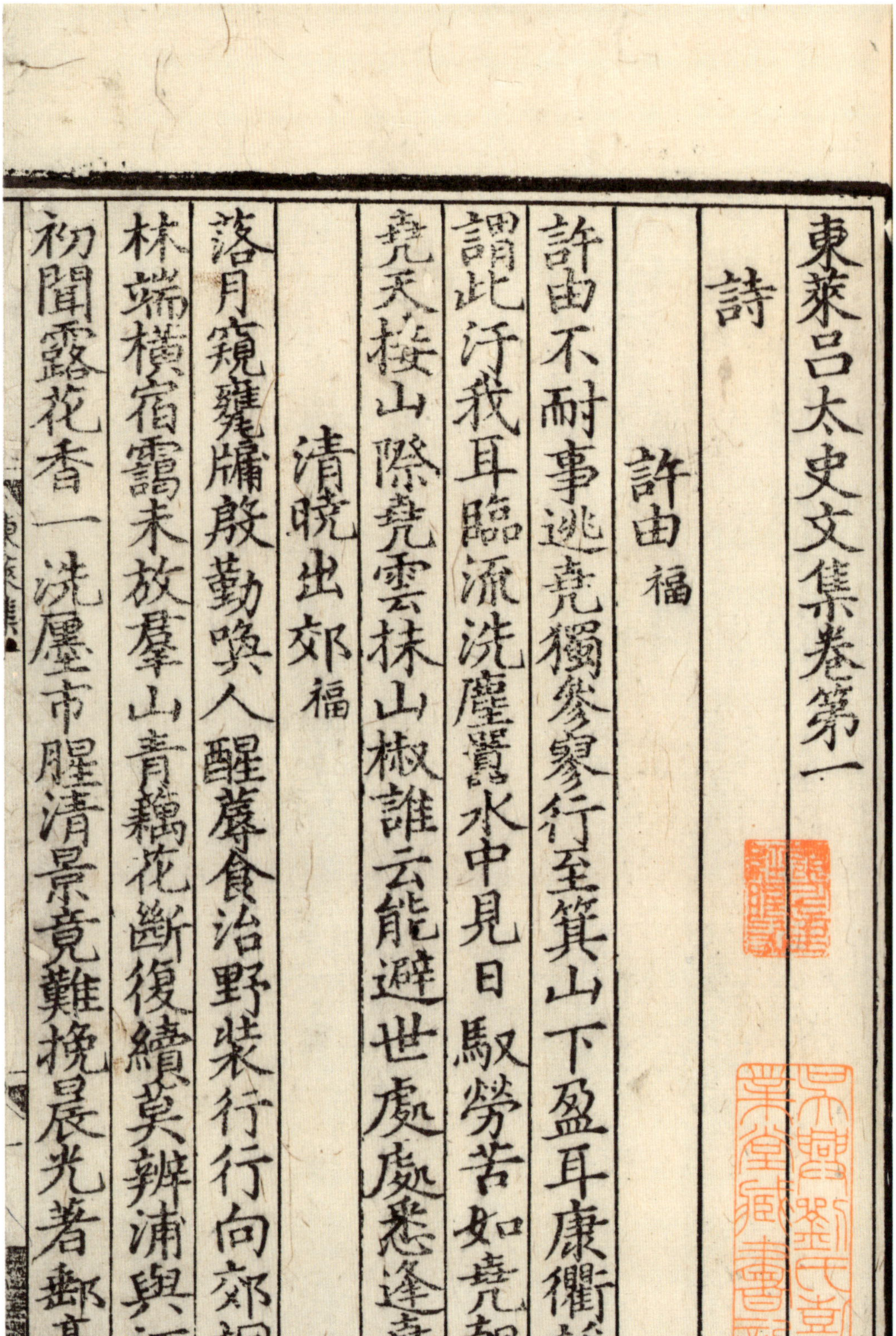

東萊呂太史文集卷第一

詩

許由 福

許由不耐事逃堯獨參寥行至箕山下盈耳康衢謠
謂此汙我耳臨流洗塵囂水中見日馭勞苦如堯朝
堯天棲山隙堯雲抹山椒誰云能避世處處逢堯

清曉出郊 福

落月窺甕牖殷勤喚人醒蓐食治野裝行行向郊坰
林端橫宿靄未放羣山青穭花斷復續莫辨浦與汀
初聞露花香一洗塵市腥清景竟難挽晨光著郵亭

東萊呂太史文集附録卷第一

年譜

高宗紹興七年丁巳

是歲公外王父曾文清公幾爲廣西轉運使公

皇考倉部時在桂林郵館三月十七日[redacted]時公生

紹興八年戊午

紹興九年己未

紹興十年庚申

紹興十一年辛酉

紹興十二年壬戌

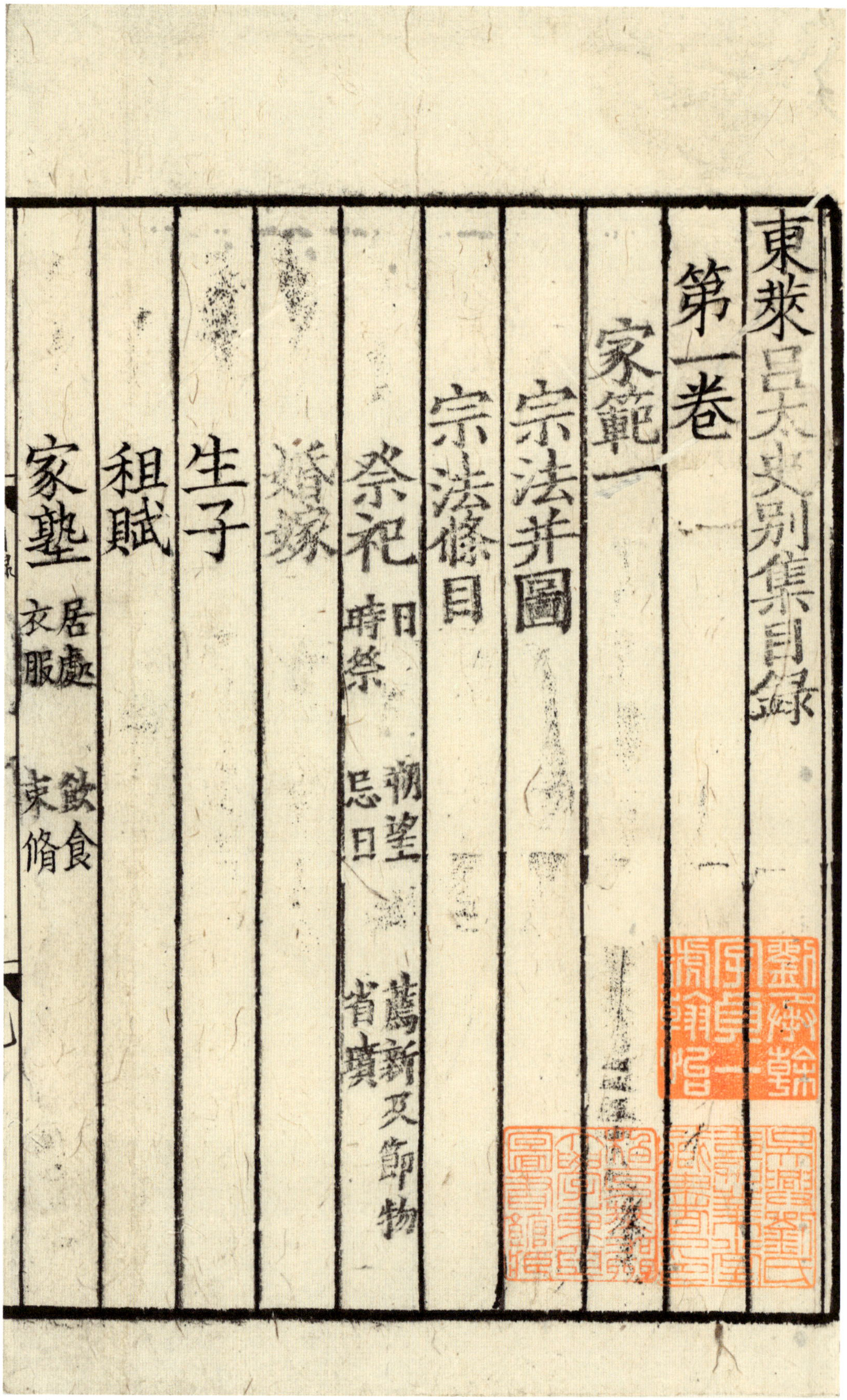

東萊呂太史別集目録

第一卷

家範一

宗法并圖

宗法條目

祭祀 日 時祭 朔望 忌日 薦新及節物 省墳

婚嫁

生子

租賦

家塾 居處 衣服 飲食 束脩

東萊呂太史別集卷第一　　家範一

宗法

禮不王不禘王者禘其祖之所自出以其祖配之諸侯及其太祖大夫士有大事省於其君干祫及其高祖

趙子春秋纂例曰大傳云禮不王不禘（明諸侯不得有也）王者禘其祖之所自出（所出謂所系之帝）以其祖配之諸侯及其太祖（諸侯存五廟唯太廟百世不遷及者言遠祀之所及也不言禘者不王不禘無所疑也不言祫者四時皆祭故不言祫也）大夫士有大事省於其君干祫及其高祖（有省謂有功往見省記者也干者逆上之意言逆上及高祖也）予據此事體勢相連皆說宗廟之事不得謂之祭天

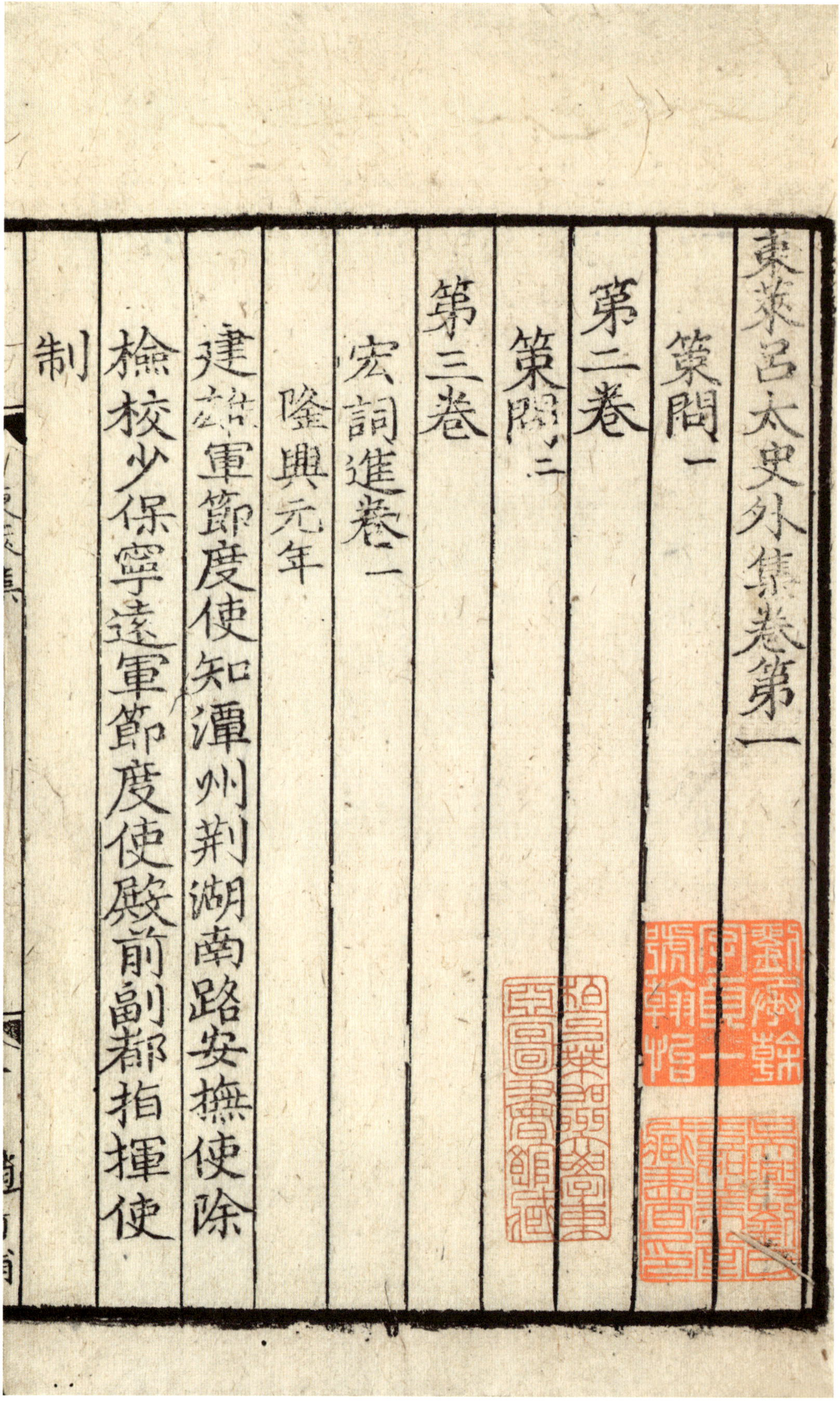

東萊呂太史外集卷第一

策問一

第二卷

策問二

第三卷

宏詞進卷一

隆興元年

建雄軍節度使知潭州荆湖南路安撫使除

檢校少保寧遠軍節度使殿前副都指揮使

制

東萊呂太史外集卷第一

策問一

問名正言順大義之所以立也内修外攘大業之所以成也表大義於天下一日而白至於經綸大業則内外先後未嘗無其序焉五胡假擾神州陸沈緜晉氏以來明君哲輔慨然有志於中原者史不絕紀庾亮之將鎮石城也郗鑒以爲資用未備不可大舉褚裒之徑赴彭城也蔡謨憂其經營分表疲民以逞商浩之復謀再舉也王羲之謂雖有可喜之會而所憂乃重於所喜是三者迄無成績終不能出旁觀者之

後村居士集五十卷目録二卷

宋劉克莊撰，兩宋本配補清繆荃孫抄本，共十五册。

是本卷一至三十九爲一宋本，半葉十行，行二十一字，左右雙邊，細黑口，雙魚尾。版框高19.2釐米，寬12.4釐米。其中卷二十五末葉及卷三十一第十七葉係抄補。卷四十至四十五配另一宋本，半葉十行，行二十一字，四周雙邊，細黑口，雙魚尾。版框高18.9釐米，寬12.3釐米。卷四十五至卷五十係清抄本，封面題“卷四十五至五十，後村居士集。江陰繆小珊參議從宋本鈔出惠贈，己未閏中元節求恕居士誌”，半葉十行，行二十四字。目録上下兩卷，卷一至卷二十爲上，題“後村居士詩集目録”；卷二十一至卷五十爲下，題“後村居士文集目録”，但卷四十以下目録今已不見，僅存卷末半葉，書“後村先生文集目録卷終”，并鎸有“迪功郎新差昭州司法參軍林秀發編次”。前有淳祐九年（1249）竹溪林希逸序。

劉克莊（1187—1269），初名灼，字潛夫，號後村居士。興化軍莆田人。嘉定二年（1209），以恩補宣教郎，知建陽縣。後通判潮州，改吉州。端平二年（1235），除樞密院編修官。嘉熙元年（1237），知袁州，後罷歸。不久予祠，累擢廣東提舉，改直華文閣。淳祐六年（1246），賜同進士出身，秘書少監，兼國史院編修、實録院檢討官。景定三年（1262），授權工部尚書，陞兼侍讀。五年因眼疾離職。度宗咸淳四年(1268)，特授龍圖閣學士。次年去世，謚“文定”。

盧文弨云：“後村詩、詞及各體文皆法度卓然，爲南宋一大作手。”劉氏生前曾自編文集，囑林希逸爲之作序。繼有後、續、新三集，由其子山甫彙爲《大全集》二百卷。《後村居士集》係其門人林秀發編次。

此本係嘉業堂舊藏。鈐“梁清標印”朱文方印、“蕉林鑒定”白文方印、“蕉林藏書”朱文方印、“蒼巖山人書屋記”朱文長方印、“蘇齋”朱文長方印、“讀書務觀大略”白文方印、“顧千里經眼記”朱文長方印、“李之郇印”白文方印、“江城如畫樓”朱文長方印、“宣城李氏瞿硎石室圖書印記”朱文長方印、“伯雨”朱文長方印、“新若手未觸”白文方印、“宛陵李之郇藏書印”朱文長方印、“嘉業堂藏善本”朱文長方印、“劉承幹印”白文方印、“翰怡”朱文方印。

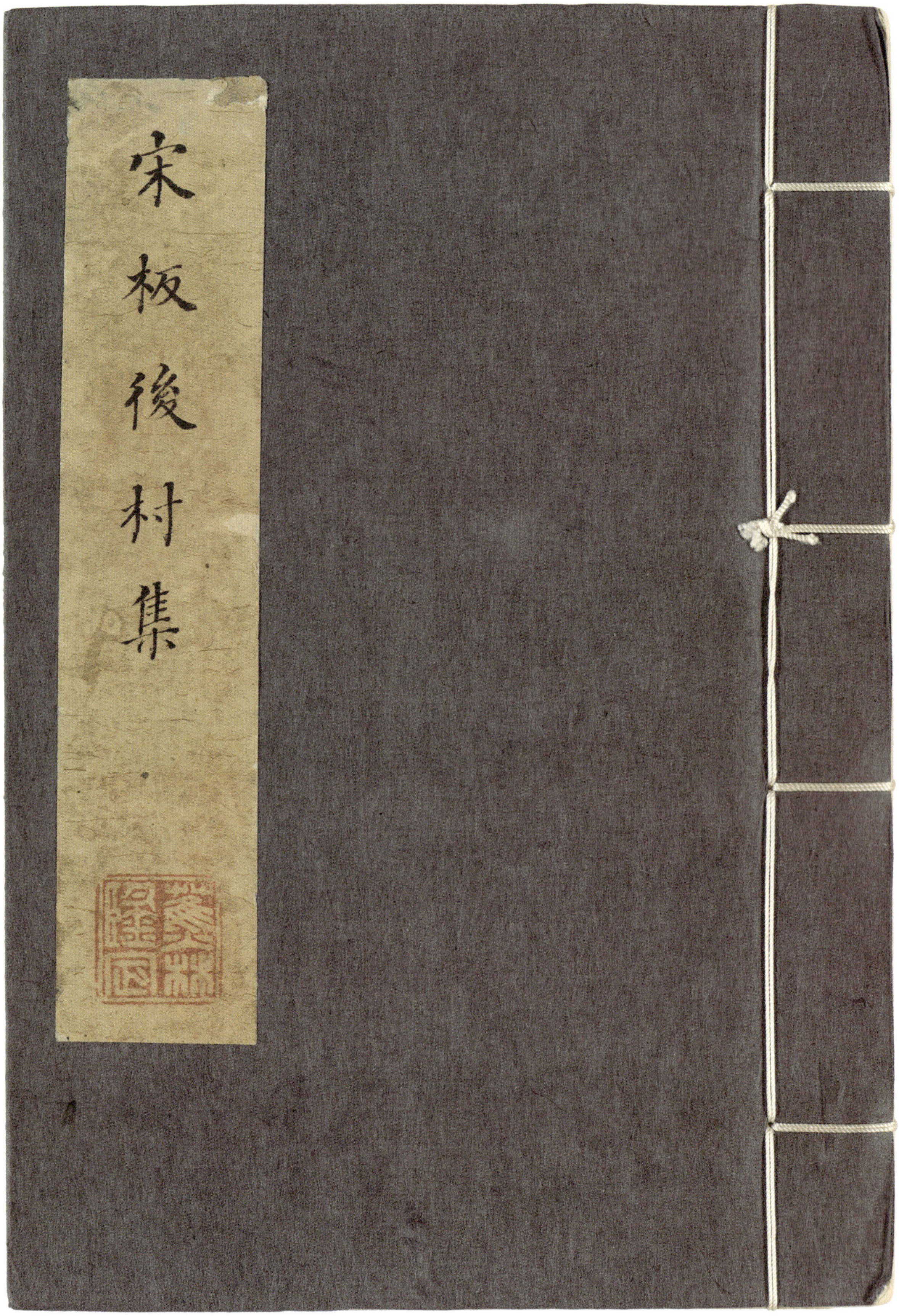
宋板後村集

後村居士集序

作者不祈人之知知之者常在
廿秊之後從上諸名人皆云然並
未有其人之好惡來齊而其文
聲價已定者貶充小疵笑愈六
悠悠穹壤俗喙一談昔之人固
憤恨於時而棄擲其平生所作

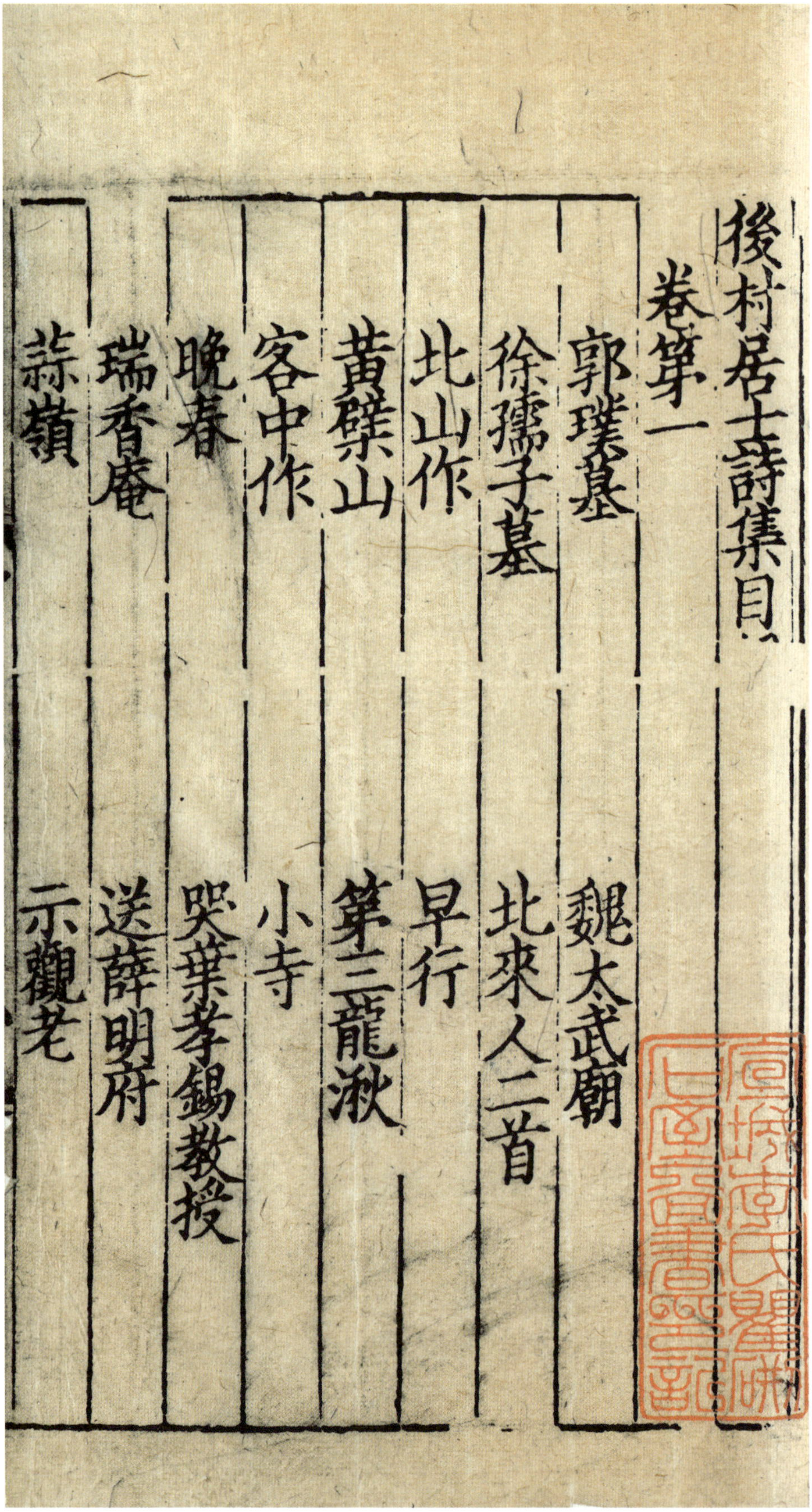

後村居士詩集目

卷第一

郭璞墓　魏太武廟

徐孺子墓　北來人二首

北山作　早行

黄蘖山　第三龍湫

客中作　小寺

晚春　哭葉孝錫教授

瑞香庵　送薛明府

蒜嶺　示觀老

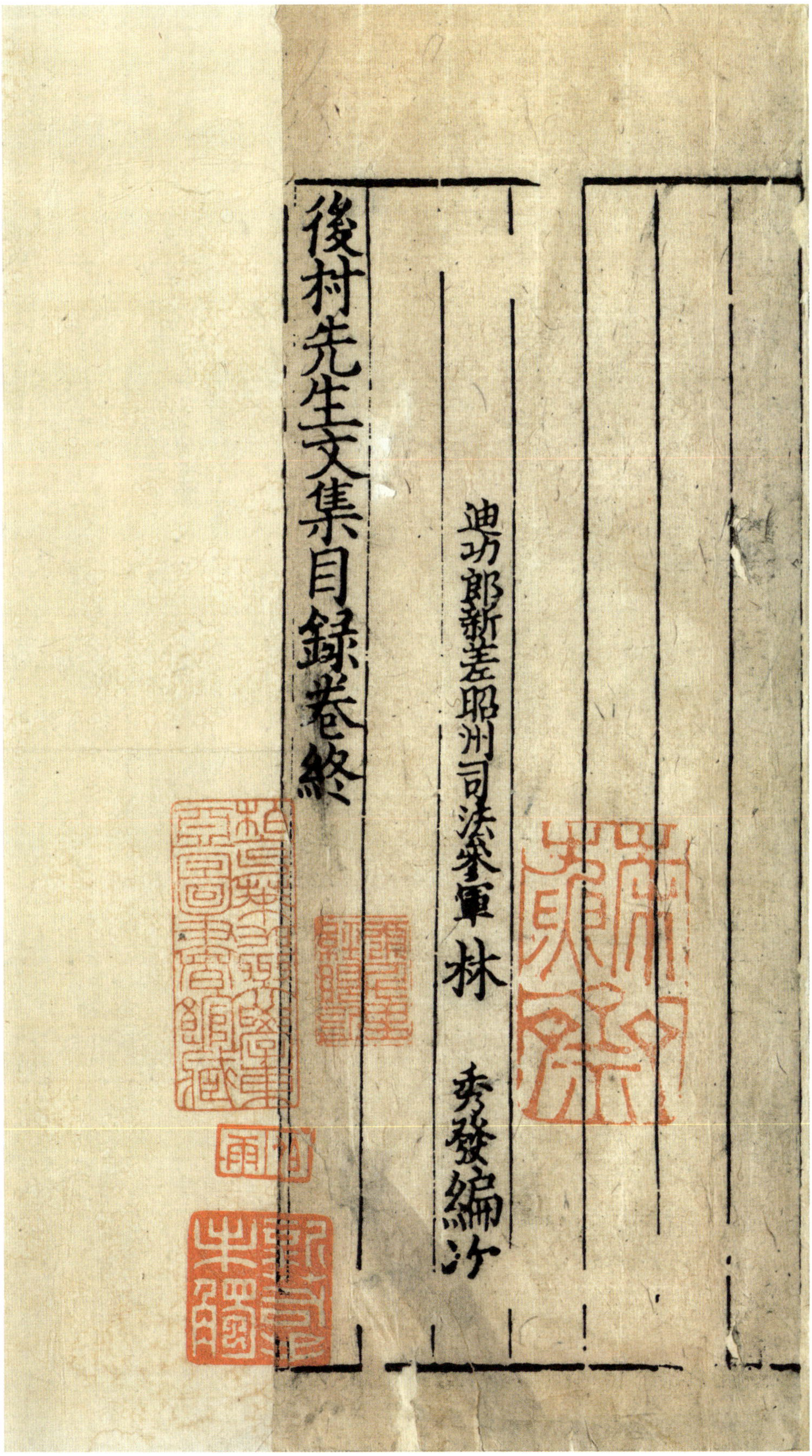

迪功郎新差昭州司法參軍林　秀發編次

後村先生文集目録卷終

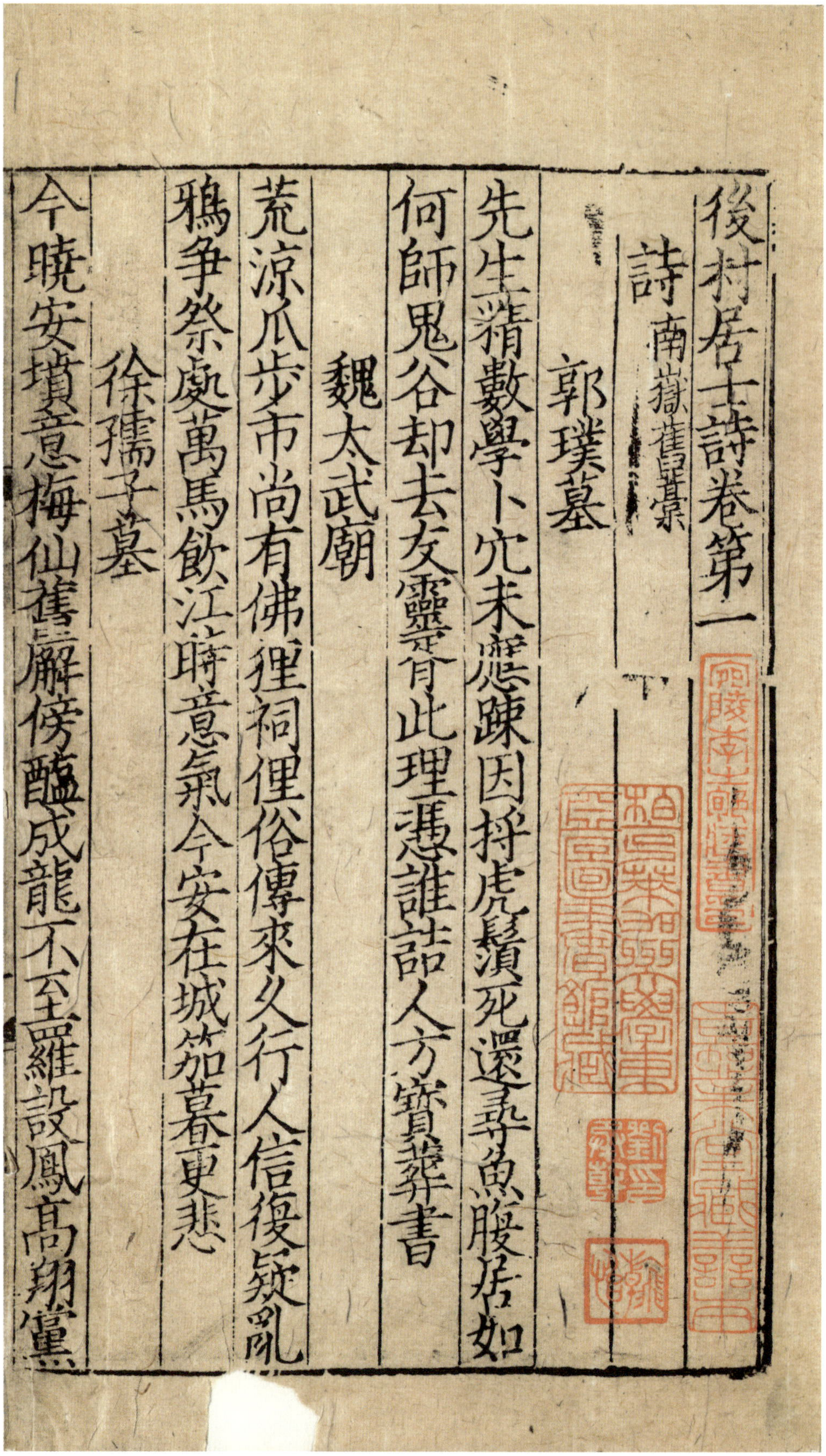
後村居士詩卷第一
詩 南嶽舊藁
郭璞墓
先生精數學卜宂未遷踈因捋虎鬚死還尋魚腹居如
何師鬼谷却去友靈胥此理憑誰詰人方寶葬書
魏太武廟
荒涼瓜步市尚有佛貍祠俚俗傳來久行人信復疑亂
鵶争祭處萬馬飲江時意氣今安在城笳暮更悲
徐孺子墓
今曉安墳意梅仙舊廨傍醞成龍不至羅設鳳高翔黨

昔仕

昔仕年傷早今歸計恨遲頓存南嶽草可荅北山移

後村居士詩卷第二

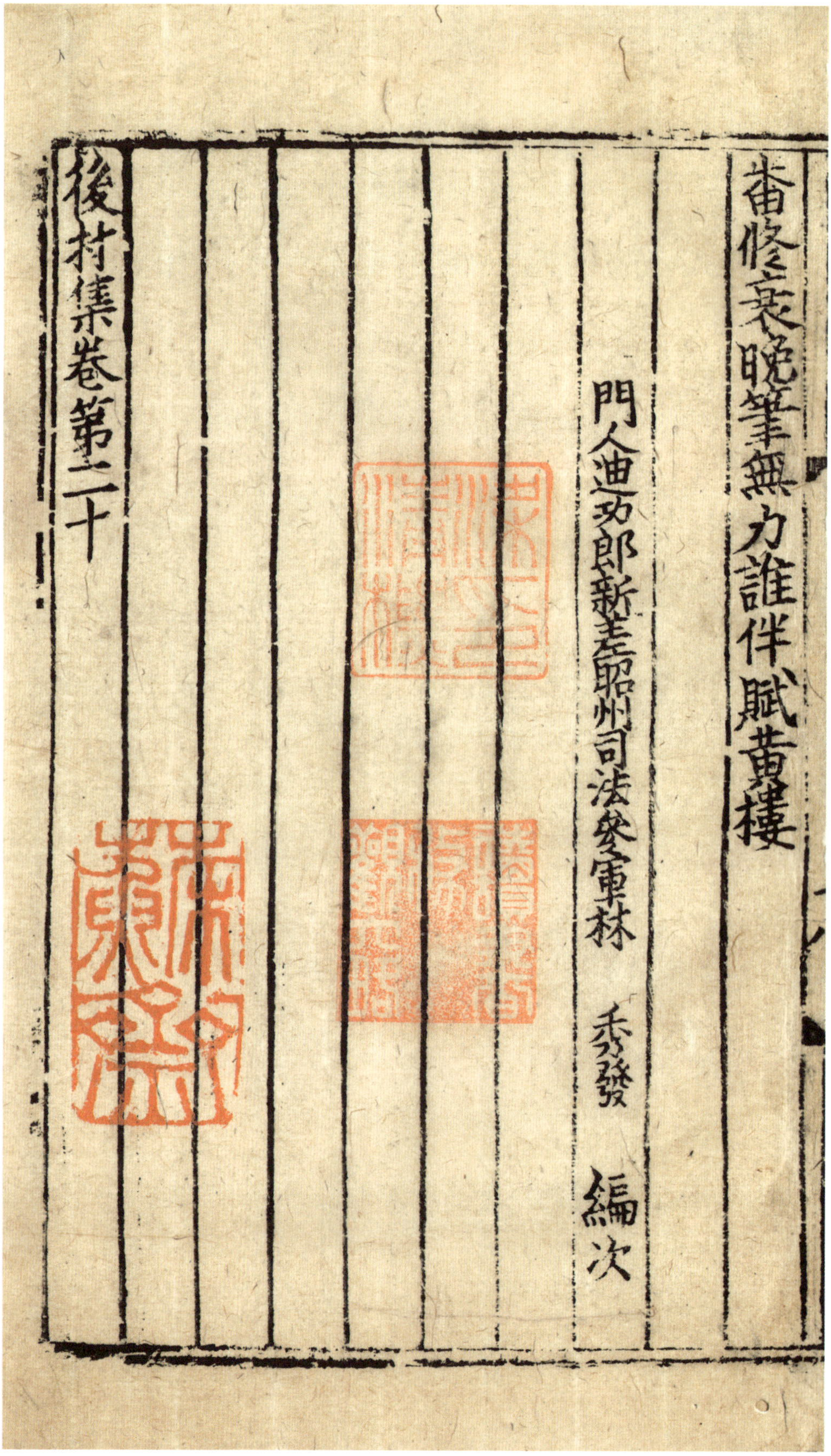
番修衰晚筆無力誰伴賦黃樓
門人迪功郎新差昭州司法參軍林　秀發　編次
後村集卷第二十

後村居士文集卷第二十一

記

汀州重建譙樓記

汀古郡也官寺皆百年老屋廡廡覆壓紹定六年建安李公出守稍撤而新之由堂寢至門廡由庫廄至亭榭皆煥然改觀獨譙樓以費夥未皇及公益務節縮得錢二萬緡將改作適當路牟利左右望而豪奪公慮是役之費禍移錢糴米若干斛爲均惠倉汀人始免貴糴之患會上親政放絀貪濁用真公德秀爲帥視屬部如家公臨郡滋久所積又萬緡廼申初志六閱月而樓成手

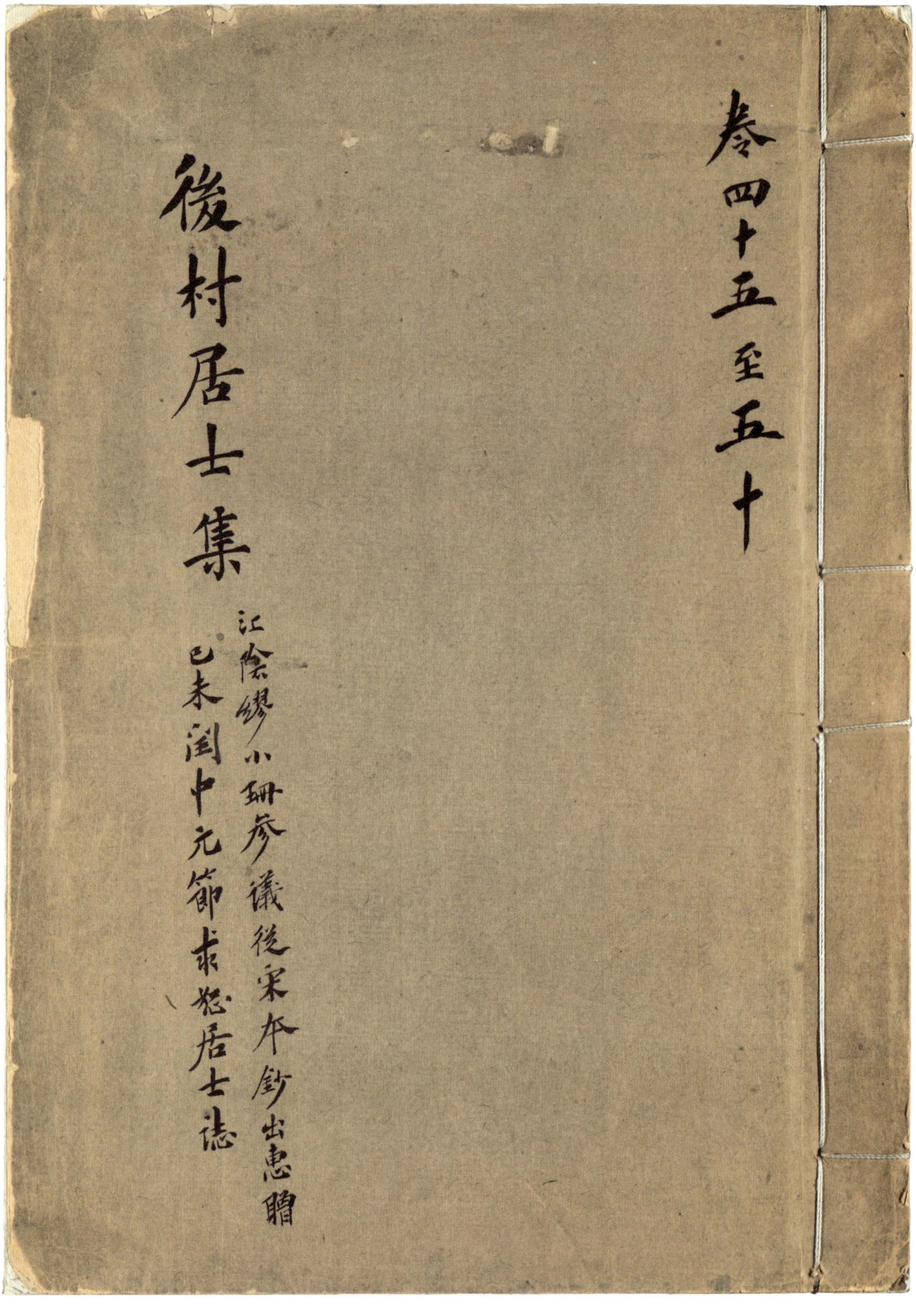
卷四十五至五十
後村居士集
江陰繆小珊參議從宋本鈔出惠贈
己未閏中元節求恕居士誌

後村居士集卷第四十五

書

丁丑上制帥

竊惟今日重戍在邊，兵力疲於暴露，民力病於轉餉，國力窘於調度，此中外痛心疾首之時也。士之欲進言於戲下者多矣，往往竊歎私議，相顧莫肯發，曰不在其位也，曰交淺言深也。某之不肖，厠於莫下之一士，不可謂之不在其位矣；又蒙幸於左右者有年，不可謂之交淺矣。默而不言，誼不可矣，情不忍也。夫官以江淮制置使爲名，府事但畫之爾，而足迹不至淮甸，自江以北付之文移，晨起晏罷，坐曹据案，與治州縣無異，精力耗費於

源雜志若干卷星沙雜志若干卷公既薨上思之不置御筆令
有司議謚以聞於是志道次年譜来日治命也子必毋辭乃劉
其關繫當世治危治亂之大者著於篇上之太常若夫公之嘉
言懿行善政遺愛益有不勝書者門人高弟散在四方各有記
載云謹狀

端平二年十月　日門人朝散郎樞密院編修官蕭權

侍郎官劉克莊狀

後村居士集卷第五十　終

文章正宗二十四卷存卷十四

宋真德秀撰，宋刻本，一册。

是本半葉十行，行二十字，小字雙行同，左右雙邊，細黑口，雙魚尾。版框高23.1釐米，寬17.1釐米。書口上間記字數，下間記刊工姓名"文郁"、"劉清"、"張震"、"潘進之"、"鄭禮"等，上魚尾下記"卷十四"，下魚尾下記葉數，"慎"、"敦"缺筆避諱。

真德秀(1178—1235)，字景元，後改字希元，人稱西山先生，卒謚文忠。建寧蒲城人。朱熹再傳弟子，宋寧宗慶元五年(1199)進士，仕至參知政事，除《文章正宗》，尚著有《大學衍義》四十三卷、《西山文集》五十五卷、《西山讀書記》四十卷等，編有《四書集編》二十六卷、《文章正宗續集》二十卷等。《文章正宗》分辭命、議論、叙事、詩歌四類，纂録《左傳》、《國語》以下至於唐末之作，其編選宗旨自述爲："故今所輯，以明義理、切世用爲主。其體本乎古，其旨近乎經者，然後取焉。否則辭雖工亦不録。"選文主於理而非主於文，因此顧炎武《日知録》評價："真希元《文章正宗》所選詩，一掃千古之陋，歸之正旨，然病其以理爲宗，不得詩人之趣。……不近人情之事，終不能强行於天下歟！然專執其法以論文，固矯枉以過正；兼存其理以救浮華冶蕩之弊，則亦未嘗無裨。藏弆之家，至今著録，厥亦有由矣。"

《文章正宗》歷代多有刊刻，今存二十卷本、二十一卷本、二十四卷本、二十五卷本、二十六卷本、三十卷本、不分卷本等多種，其中二十四卷本流傳最爲廣泛，有宋刻真德秀自序本、宋刻劉克莊跋本、宋度宗正續集合刻本、宋江西刻大字本、元刻本、明正德馬卿刻本、明嘉靖蔣氏家塾刻本、明萬曆刻本、清四庫全書本、朝鮮世宗刻本等多種。考王文進《文禄堂訪書記》卷五云："《文章正宗》二十四卷，宋真德秀撰，宋江西刻大字本，補抄八卷，半葉十行，行二十字，注雙行，版心上記字數，下記刊工姓名（陳士可、陳興、張震、劉清、德華），宋諱避至慎字，有朱筠、朱錫庚印。"與此本合，則此本當屬宋江西刻大字本。

文章正宗卷第十四

賛文帝

孝文皇帝即位二十三年宮室苑囿車騎服御無所增益有不便輒弛以利民師古曰弛廢弛音式爾反嘗欲作露臺召匠計之直百金上曰百金中人十家之産也師古曰中謂不富不貧吾奉先帝宮室常恐羞之何以臺爲師古曰今新豐縣南驪山之頂有露臺鄉極爲高顯猶有文帝所欲作臺之處身衣弋綈如淳曰弋皂也賈誼曰身衣皂綈師古曰弋黑色也綈厚繒綈音大奚反所幸愼夫人衣不曳地帷帳無文繡以示敦朴爲天下先治霸陵皆瓦器不得以金銀銅錫爲飾因其山不起墳南越尉佗自立爲

文章正宗二十四卷存卷四、五、八、十二、十三、二十一

宋真德秀撰，元刻本，七册。

是本半葉十行，行二十字，小字雙行同，左右雙邊，黑口，雙魚尾。版框高22.6釐米，寬16.9釐米。版心上記字數，下記刻工祥、青、山、松、壽、君甫等，殘損難備録，可見之刻工名號與傅增湘所著録之宋刻同，惟無各卷末“國子監正奏名蔡公亮校正”一行，或爲仿宋刻。此本存卷四、五、八、十二、十三、二十一，係出二十四卷本，卷中俱加紅筆句讀，間有紅筆眉批。

此乃元刻本《文章正宗》與宋刻明修本《真文忠公續文章正宗》合并裝裱，惟將《文章正宗》卷二十一之《貞曜先生墓誌》末葉至《段太尉逸事狀》裝入《續文章正宗》。

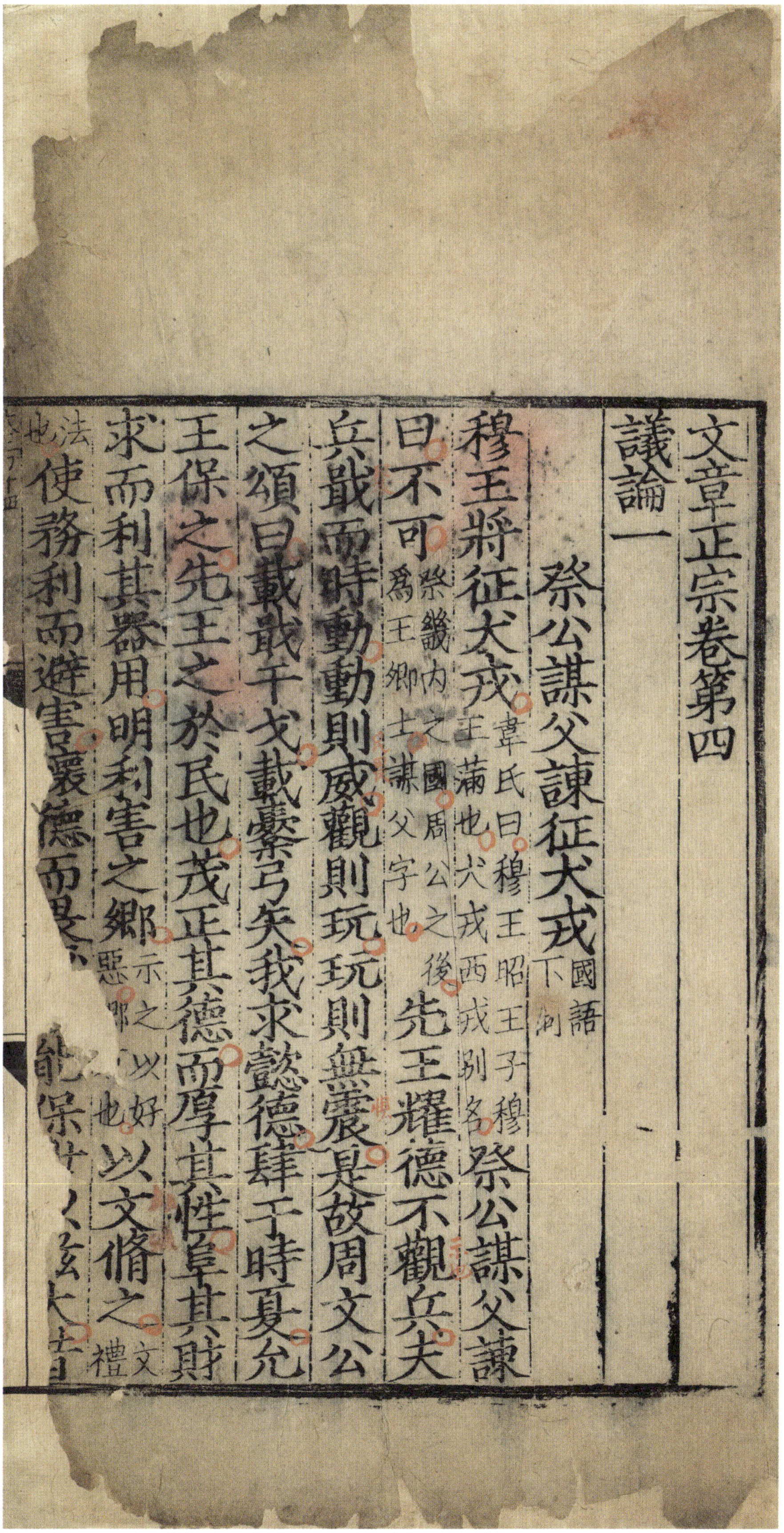

文章正宗卷第四

議論一

祭公謀父諫征犬戎 國語下同

穆王將征犬戎 韋氏曰穆王昭王子穆王滿也犬戎西戎别名 祭公謀父諫曰不可 祭畿内之國周公之後爲王卿士謀父字也 先王耀德不觀兵夫兵戢而時動動則威觀則玩玩則無震是故周文公之頌曰載戢干戈載櫜弓矢我求懿德肆于時夏允王保之先王之於民也茂正其德而厚其性阜其財求而利其器用明利害之鄉 示之以好惡鄉方也 以文脩之 文禮法也 使務利而避害褱德而畏威 能保世以玆大

真文忠公續文章正宗二十卷存卷七、九、十、十五至十七

宋真德秀撰，宋刻明修本，九册。

是本半葉十一行，行二十一字，左右雙邊，白口，雙魚尾。版框高22.2釐米，寬16.6釐米。“讓”、“慎”、“惇”、“廓”缺筆避諱，當爲南宋後期所刻，有明代修補之葉，原版及補版刻工俱殘損難辨。

《真文忠公續文章正宗》存卷七、九、十、十五至十七，按《續文章正宗》全本二十卷，《四庫提要》謂其：“皆北宋之文，闕詩歌、辭命二門，僅有叙事、議論，而末一卷議論之文又有録無書，蓋未成之本，舊附前集以行。”卷一、卷二爲“論理”，卷三至卷十六爲“叙事”，卷十七至卷二十爲“論事”。

《真文忠公續文章正宗》歷代皆有刊刻，有南宋後期浙本、宋刻元馮德秀重修本、明弘治戴鏞重修本、明嘉靖胡松刻本、明萬曆刻本、清金閶文樞堂刻本、清同治四年（1865）跋本等。

真文忠公續文章正宗卷第七

敘事　名儒文人事迹　賢士大夫事迹

此兩門元本銓次未定今不敢自爲區別姑併作一門而存其目

尹師魯墓誌銘　歐陽文忠公

師魯河南人姓尹氏諱洙然天下之士識與不識皆稱之曰師魯蓋其名重當世而世之知師魯者或推其文學或高其議論或多其材能至其忠義之節處窮達臨禍福無愧於古君子則天下之稱師魯者未必盡知之師魯爲文章簡而有法博學彊記通知今古一作古今長於春秋其與人言是是非非務窮盡道理乃已不爲苟止而妄隨而人亦罕能過也遇事無難易而一無此字勇於敢

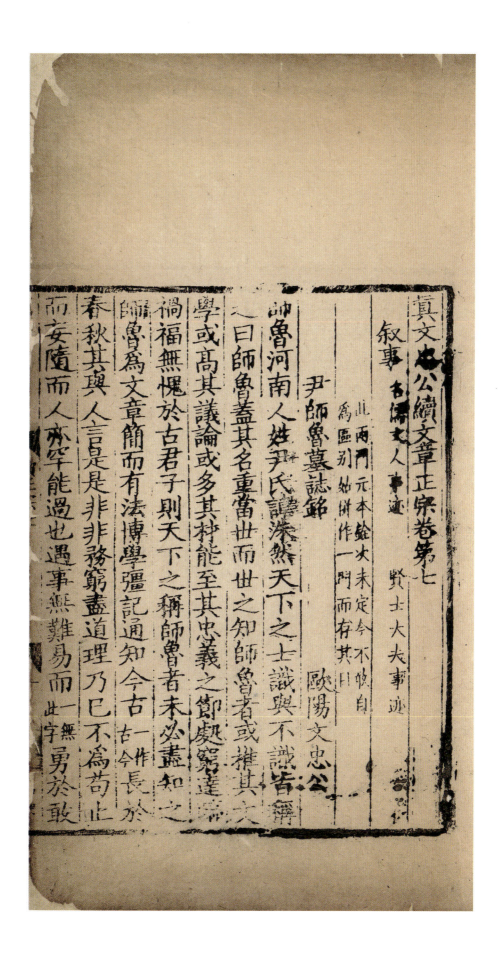